012 Hobby

Nゲージ
鉄道模型レイアウトの教科書

松本典久 著

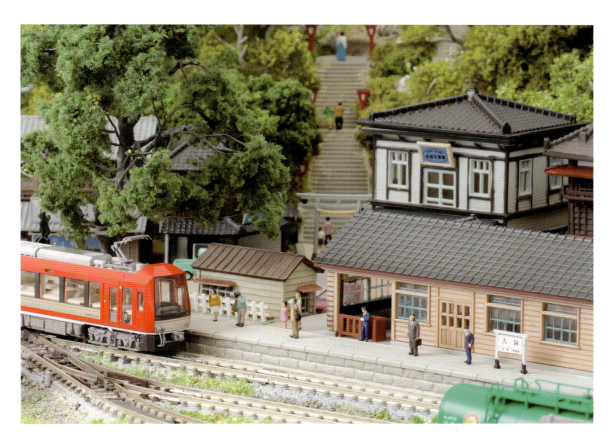

大泉書店

はじめに

　本書でテーマとした鉄道模型の「レイアウト」とは、鉄道の情景やシステムを魅力の対象として捉え、それを凝縮して表現する模型のことです。そこには山や川なども作りこまれ、日本風にいえば"箱庭の鉄道"です。

　そこには創造する喜びはもちろんのこと、鑑賞する楽しさもあります。箱庭や盆栽のように限られたスペースに作者の心に描かれた世界が再現され、そこを自由に散策しながら楽しむことができるのです。また、ある時は運転士や操車係として運転を楽しむこともできます。

　とはいえ、自分でレイアウトを作る際、どこから手をつければよいのか、あるいは何を用意すればよいのか、困惑してしまうかも知れません。実は車両模型に比べて製作上の決まりごとはほとんどなく、自由に創作可能です。この自由に表現できる分、迷いも多いというわけです。

　本書では、いくつかの作例を元にNゲージのレイアウト製作方法を紹介しました。極力、身近にある道具や素材を使い、失敗の少ない技法としています。しかし、「この通り作らなければならない」というわけではなく、あくまでも各自で工夫を拡げていくための一例でしかありません。この工夫がレイアウト製作の楽しみであり、醍醐味でもあるのです。

　なお、本書を編纂（へんさん）するに当たり、多大なる助言をいただき、Nゲージの基礎知識をまとめていただいた小林弘明さんに感謝いたします。

2016年9月吉日　松本典久

Contents

Nゲージ　鉄道模型レイアウトの教科書

巻頭グラフ ────── 8

第1章　初めての鉄道模型レイアウト

Prologue
レイアウトへの誘い
レイアウトやジオラマの魅力 ────── 16
レイアウトとジオラマ ────── 20
プランニングのヒント ────── 22
モデラーの夢を刺激する情景の例 ── 24
Nゲージのレイアウト ────── 26

Lesson 1
知っておきたいNゲージの基礎知識／
Nゲージ ────── 28

Lesson 2
知っておきたいNゲージの基礎知識／車両 ── 32

Lesson 3
知っておきたいNゲージの基礎知識／線路 ── 36

Lesson 4
知っておきたいNゲージの基礎知識／
制御機器 ────── 46

Lesson 5
知っておきたいNゲージの基礎知識／
建物（ストラクチャー） ────── 48

Lesson 6
知っておきたいNゲージの基礎知識／
レイアウト関連用品 ────── 52

Column
Nゲージを運転してみよう ────── 54

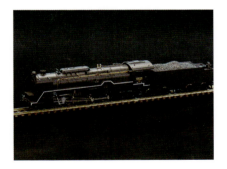

第2〜3章➡

Contents

第2章　初めてでもできるレイアウト製作Ⅰ

900×300mmモジュールレイアウト
川の流れる情景 —— 60

レイアウトの全景を見る —— 66

Step 1
モジュールレイアウトの作り方 —— 68

Step Up
モジュールレイアウトの規格 —— 70

Step 2
プランニング —— 72

Step 3
地形の基礎工作① —— 76

Step 4
化粧板の取りつけ —— 80

Step 5
鉄橋 —— 82

Step 6
トンネル —— 86

Step 7
地形の基礎工作② —— 90

Step 8
地面 —— 96

Step 9
川の水表現 —— 98

Step 10
線路の取りつけ —— 100

Step 11
踏切＆道路と線路の仕上げ —— 102

Step 12
草木の仕上げ —— 106

Step Up
レイアウト外壁の塗装 —— 109

夜景の情景を楽しむ —— 110

Nゲージ　鉄道模型レイアウトの教科書

第3章　初めてでもできるレイアウト製作Ⅱ

900×600mmレイアウト
海辺のある情景 ——— 112

レイアウトの全景を見る ——— 118

Step 1
900×600mmレイアウトの作り方 ——— 120

Step 2
プランニング（エンドレスレイアウト編） ——— 122

Step 3
路盤(ろばん)作りと地形の基礎工作 ——— 126

Step 4
線路を取りつける ——— 129

Step 5
トンネル ——— 130

Step 6
道路まわり ——— 132

Step 7
山を作る ——— 138

Step Up
岩を作る ——— 142

Step 8
海 ——— 144

Step 9
線路 ——— 150

Step 10
各部の仕上げ ——— 152

Step Up
人形とミニカー ——— 158

Step Up
建物（ストラクチャー） ——— 160

第4～6章➡

Contents

第4章　レイアウト製作のための実物観察

Step Up
工作に絶対役立つ実物を観察する

橋梁(きょうりょう) ── 166
トンネル ── 168
山 ── 169
都会の駅 ── 170
ローカルの駅 ── 172
貨物駅 ── 174
鉄道との交差施設 ── 175
車両基地 ── 176
川 ── 178
海 ── 180

第5章　レイアウト・ジオラマの世界

Step Up
さまざまなレイアウトを観察してみよう

240×130mmのジオラマ2題
木造機関庫と石造りのアーチ橋 ── 182

A3サイズの超小型レイアウト
海辺の町を走る路面電車 ── 184

600×300mmの小型レイアウト
渓流沿いを走るローカル私鉄 ── 186

600×300mmのジオラマ
一畑電車イメージの駅ジオラマ ── 188

1200×300mmのジオラマ
都市部の車両基地 ── 190

900×600mmのレイアウト①
昭和ムードの国鉄ローカル線 ── 192

900×600mmのレイアウト②
平成ムードのJRローカル線 ── 194

Nゲージ　鉄道模型レイアウトの教科書

900×600mmのレイアウト③
箱根登山鉄道風レイアウト ── 196

900×600mmのレイアウト④
"江ノ電"風レイアウト ── 198

L字型基盤のレイアウト
広々とした駅構内を表現 ── 200

キット方式のレイアウト ── 202

フロアー運転感覚で
街作りを楽しむ ── 203

サウンドで情景を演出する ── 204

第6章　レイアウト製作をさらに楽しむために

Step Up
レイアウト製作に欠かせない あると便利な工具＆接着剤など

つかむ ── 206
測る ── 206
孔をあける ── 207
切る ── 208
削る ── 209
塗装および接着剤塗り ── 210
撒く ── 211
その他 ── 211
接着剤 ── 212
塗料 ── 214

Step Up
鉄道模型用語事典 ── 216

INDEX ── 222

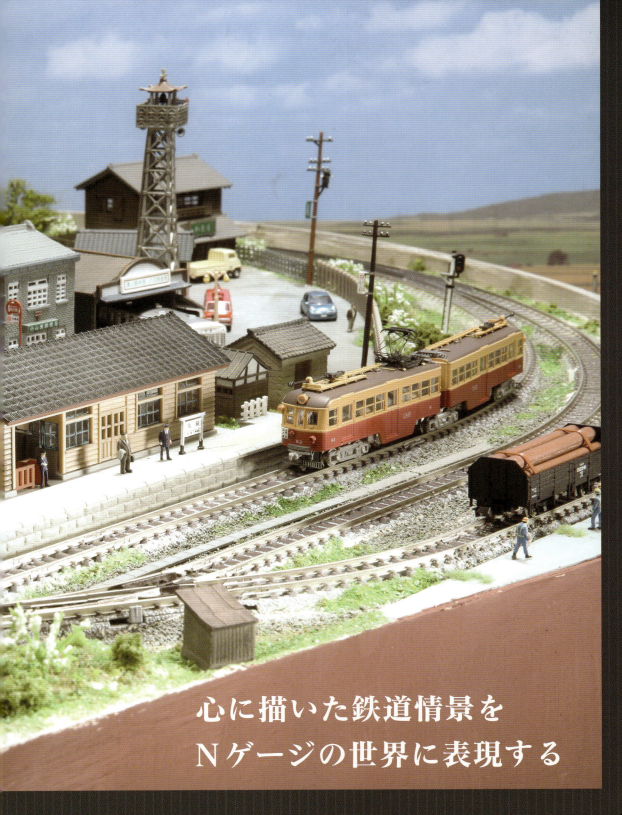

心に描いた鉄道情景を
Nゲージの世界に表現する

限られたスペースに さまざまな情景を盛りこむ レイアウト創造の魅力

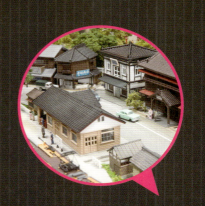
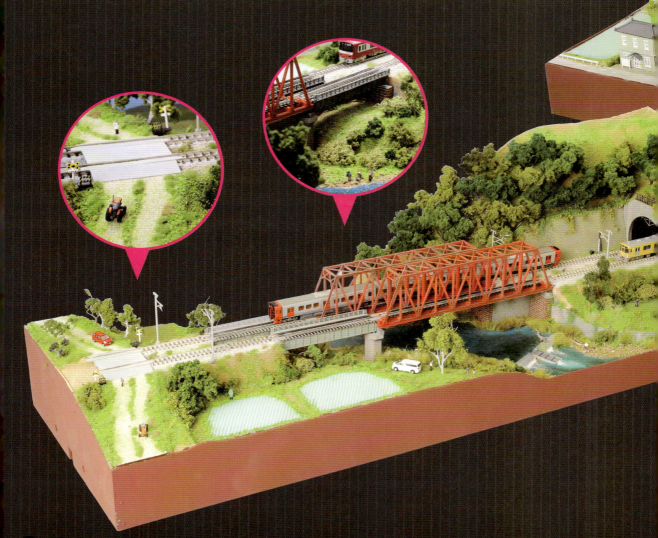

ビギナーでも楽しめるレイアウト工作

鉄道模型レイアウトへのパスポート

「レイアウト」は、鉄道模型の奥深い魅力を教えてくれる楽しみ方のひとつです。作ってよし、鑑賞してよし、そして運転してよし。そんな魅惑の世界にあなたをご招待しましょう。

このグラフの続きを見たい

レイアウトの楽しみは情景を鑑賞していくことにもあります。そこには観察と出会いの喜びもあります。

> 第2章
> 川の流れる情景
> ➡ 60ページへ
>
> 第3章
> 海辺のある情景
> ➡ 112ページへ

このレイアウトを製作したい

初めてレイアウトに触れる人でも安心できるよう、プランニングから各工作を工程順に紹介します。

> 第2章　初めてでもできる
> レイアウト製作Ⅰ
> ➡ 68ページへ
>
> 第3章　初めてでもできる
> レイアウト製作Ⅱ
> ➡ 120ページへ

ほかのレイアウトを見てみたい

レイアウト製作をめざすには多くの作例に触れることも必要です。ビギナー向けの作品を紹介します。

> 第5章
> レイアウト・ジオラマの世界
> ➡ 181ページ

レイアウトの基本を知りたい

レイアウト製作には鉄道模型の知識も必要です。レイアウトに役立つNゲージ関連情報を紹介します。

> 第1章　初めての
> 鉄道模型レイアウト
> ➡ 15ページ
>
> 第6章　レイアウト製作を
> さらに楽しむために
> ➡ 205ページ

第1章
初めての鉄道模型レイアウト

いろいろな楽しみ方のある「鉄道模型」ですが、その中でも「鉄道の情景を表現した模型」であるレイアウト＆ジオラマの世界には「鉄道模型」の楽しさが凝縮されています。
初めてレイアウトに触れる人でも安心して入っていける導入部から、レイアウトを楽しむために知っておきたいNゲージの基礎知識を、テーマごとにくわしく紹介しています。

Prologue
レイアウトへの誘い

「レイアウト」や「ジオラマ」は、鉄道模型の楽しみ方のひとつです。レイアウトやジオラマを一言でいえば「鉄道の情景を表現した模型」であり、製作することはもちろんのこと、線路と一体になった鉄道ならではの世界で運転を行ない、さらには情景を鑑賞する喜びもあります。

昭和40年代前後の国鉄非電化ローカル線をテーマに製作された山本嗣郎さんの「山間（やまあい）鉄道」。

❖ レイアウトやジオラマの魅力

憧れの鉄道情景を創造
作者であり鑑賞者にもなれる

鉄道模型の楽しみは、車両のコレクションや製作、組み立て式線路を使ったフロアー運転だけではありません。本書のメインテーマとなる、「レイアウト」や「ジオラマ」といった楽しみ方もあるのです（レイアウトとジオラマという言葉についての考え方は20ページ参照）。

ここには製作する喜びや苦労があり、完成した情景を鑑賞する楽しさもあります。心に描いた夢の鉄道情景が目のあたりに展開するのです。そして実物に近い鉄道システムまで構築するレイアウトでは、車両を運転して列車として走らせることもできます。あなたは運転士であり、鉄道運行を管理するオペレーターにもなれるのです。これを究極の目的としてレイアウト作りを楽しんでいらっしゃる方もあります。

鉄道模型に興味を持たれているなら、ぜひ、この奥深い世界にも触れてみてください。

Prologue

レイアウトやジオラマの作例は、本書にいくつかをご紹介しているので馴染みのない方でもイメージをつかんでいただけると思います。

Nゲージで製作された作品を何点か紹介しよう

幸いにも私は仲間からの紹介や取材を通じて数多くの作品に触れることができました。そのうちの何点かをここでご紹介しましょう。いずれもNゲージで製作された作品です。

左ページは山本嗣郎さんの「山間（やまあい）鉄道」です。多感な時期に触れた鉄道情景を再現したいと、テーマは昭和40年代前後の国鉄非電化ローカル線です。そろそろ無煙化が始まり、ディーゼル機関車やディーゼルカーが進出してくる一方、貨物列車を中心に蒸気機関車もまだ活躍している…といった設定から夢が広がっていったそうです。列車の走行シーンをゆっくり楽しみたいと、本線は複雑なエンドレスを描き、初めて拝見した時は、一度トンネルに入ると次はどこに現われるのか見当もつかないほど。そして何より、ローカル線の起点といった感じにまとめられた、ゆったりとした駅構内の雰囲気に魅せられます。

右側の写真は梶尾太一郎さんの「肱川（ひじかわ）本線」。四国にお住いの梶尾さんは、地元の情景をテーマに山間部を流れる川、そしてスイッチバックのイメージなどを盛りこんで製作しています。車両もJR四国の新製車両を中心に、国鉄からの引き継ぎ車も含めて四国に統一して雰囲気を演出しています。ちなみに鉄道名の肱川とは愛媛県西部を流れる川ですが、写真の情景は予土線の江川崎駅付近に見えてきます。ゆったりとしたカーブで川を横断、川に並行する道路は左岸が踏切なのに対して右岸は立体交差と、複雑な地形もごく自然に表現されています。

下は納将彦さんの「九州おさめ鉄道」。関西在住ですが、旅先で出会ったJR九州に魅了され、今では熱狂的なJR九州ファン。鉄道名が表すように、JR九州の車両が中心となって活躍するレイアウトです。4,500×3,000㎜という広大なスペースに山岳地と都市の情景が二分するように盛り込まれ、それぞれ別のレイアウトのように鑑賞することができます。緻密に仕上がった都市部もさることながら、量感で迫ってくる山の迫力にも圧倒されます。

3人の作品はいずれも設置スペースに恵まれていますが、そのスペースをうまく活かし、なおかつ製作中に挫折することなくお見せした姿まで仕上げられたことに頭が下がります。

一般には個人の作品を見る機会は限られてしまいますが、メディアを通じた体験なら、インターネットを閲覧すればモデラーが作った作品がいくらでも出てきます。〔鉄道模型〕〔レイアウト〕〔ジオラマ〕あたりをキーワードにすれば数十万件ヒットします。ちなみに〔layout〕〔N〕あるいは〔layout〕〔HO〕あたりになると天文学的な数字で、世界中に同好の士がいることを実感します。

また、『鉄道模型趣味（TMS）』『とれいん』『RM MODELS』『N（エヌ）』など定期的に刊行されている鉄道模型の専門誌では、ほぼ毎号のように新作が紹介されています。

四国の情景をテーマに製作された梶尾太一郎さんの「肱川本線」。カーブを描きながら川を渡る情景が見事に表現されている。

JR九州のファンを自認する納将彦さん製作の「九州おさめ鉄道」。雄大な情景の中を走る列車はすべてJR九州所属車だ。

ベニヤ板の上にレールと枕木からなるシンプルな線路を置いてみた。これでも十分に鉄道を感じさせてくれるのだが…。

枕木の周囲に砂を撒き、線路のバラストを表現。さらにベニヤ板を芝生紙で被ってやると、活き活きとした線路になってくる。

モデラーたちの作品を実際に鑑賞してみよう

　実際に自分の目でレイアウトやジオラマの作品を確認されたいという人は、まずは鉄道模型のイベントをチェックしましょう。中にはモデラーたちの作品が出展されるイベントもあります。

　例えば、全国の高校生たちのレイアウト作品を中心に競われる「全国高校生鉄道模型コンテスト」。近年は文部科学省などの後援も得て行なわれ、発表会は例年、東京ビッグサイトで開催されます。会場には全国の高校生たち、そしてOBたちが作ったNゲージのモジュールレイアウトや1畳レイアウトがずらりと並び、展示されている数の上では日本最大のイベントでしょう。私たちの時代には稀有だった女子高生たちの作品も多くなり、彼女たちの柔軟な発想にも驚かされます。

　また、同じく東京ビッグサイトで例年開催されている「鉄道模型コンベンション」もモデラーなら必見としておきたいイベントです。アマチュアからメーカーまで鉄道模型に関わる人々が一堂に会して自分たちの持ち味をPRします。アマチュアのレイアウトやジオラマ出展も多く、さまざまな作品に触れるよいチャンスです。

　床などで行なうフロアー運転とは比較にならないほど活き活きとした車両たち。さらには思わず写真に切り取りたくなる情景もあるでしょう。美しい弧を描いた線路、列車が堂々と見える大築堤や鉄橋、さらには鉄道から離れた沿線の情景など、チェックすべきポイントはいくらでもあります。作者にとって"見せ場"として演出された情景を見つけ出せれば、その作品の味わいもより深いものになるはずです。

　なお、アマチュアのめざす作品とは趣旨も規模も別ですが、鉄道博物館（さいたま市）、東武博物館（東京都墨田区）、リニア・鉄道館（名古屋市）、京都鉄道博物館（京都市）、九州鉄道記念館（北九州市）などではパノラマなどとして鉄道模型の情景展示があります。こうした展示からも魅力の一端に触れることができると思います。

毎年、東京ビッグサイトで開催される「全国高校生鉄道模型コンテスト」。数多くのレイアウト作品を生で鑑賞できる。

線路&建物の魅力開眼がレイアウトへの第一歩

　ところで、レイアウトやジオラマといった「鉄道の情景を表現した模型」の魅力は何なのでしょうか。これは人それぞれで、その視点も多岐にわたりますが、多くのモデラーが上げるポイントを

Prologue

ご紹介しましょう。

まずは線路の魅力です。鉄道模型では、レールと枕木という最低限の要素でも線路として成り立ちますが、実物の線路は異なります。前ページ2枚の写真を比べてみてください。

左はベニヤ板の上にレールと枕木から構成されたフレキシブル線路を敷いたものです。右は模型用品として発売されている芝生紙を敷き詰め、さらに線路には模型用の砂を撒いてバラスト(砕石)も表現してみました。これだけのことで線路や線路を取り巻く周辺の様子がぐっと実感的になってきたことが分かります。さらに車両を置いてみると、その魅力の違いが明確です。この効果を知れば、線路まわりの表現に意欲が湧いてきます。

続いて駅など鉄道施設も、その魅力を明確に伝えてくれます。

例えば、フロアー運転を楽しむ際、線路わきにプラットホームと駅舎を置いてみましょう。単なる本線の一部としか見えなかった場所が駅に見えてきます。この場所に列車を停車させるのにも意味が出てきますので、運転そのものも楽しくなってきます。

さらに駅の周辺に建物や樹木を配してやれば、ちょっとした町のイメージができあがります。ここではあえて地面の要素を省きましたが、建物や樹木が「鉄道の情景を表現した模型」に与える影響がよく判ると思います。

ただし、こうした建物や樹木をフロアー運転の際にいちいち並べ、また運転終了と共にこれらも収納しなくてはなりません。置く場所が固定されないため、毎回、イメージを変えることもできますが、面倒なことは事実です。そう考えるようになったら、あなたはレイアウトやジオラマに向かって一歩を踏み出したといえるのです。

線路わきにプラットホームと駅舎を置くと、その周辺が駅に見えてくる。フロアー運転からレイアウトに向かう第一歩。

駅の周囲にビルを並べ、樹木なども置いてみよう。建物ひとつ増やすだけで情景としての魅力が増してくることがわかる。

❖ レイアウトとジオラマ

木造機関庫を中心とした情景を再現したジオラマ。鑑賞に徹した作品だ（詳細は182ページ）。

レイアウトとジオラマ 同義語？　それとも別物？

「鉄道の情景を表現した模型」を示す用語は、一般に使用されるレイアウトやジオラマのほか、モジュールやセクション、パイクなどという表現もあります。個人的に楽しむ上で用語上の制約は野暮ですが、その世界を紹介する本書としては使い分けの基準も含め、簡単に紹介しておきましょう。実はこれらの用語には鉄道模型を広く楽しめるべく努力してきた先輩たちの苦労も隠されています。それを知ることで先輩たちが築いてきた文化に敬意を払いたいと思います。

まず「レイアウト」（layout）とは配置を意味する英語にちなんでいます。線路を配置しながら作る箱庭のような模型ということで、レイアウトという言葉が生まれたそうです。欧米では20世紀初頭にこうした概念が生まれ、日本でも昭和20年代から広く使われるようになりました。鉄道模型の世界では古典と言ってもいいほどベーシックな用語です。

一方、現在ではレイアウトと同義で使われることの多い「ジオラマ」（diorama。ディオラマなどと記すこともある）は、模型界ではミリタリーモデルあたりから使われるようになった用語です。鉄道模型の世界では、元々、鑑賞に徹した情景模型を示し、レイアウトと使い分けていました。鉄道模型の場合、線路で車両を走らせることが特長のひとつでもあり、こうした使い分けの必然性もあったのです。

しかし、博物館などでは情景展示のことを一般的にジオラマあるいはパノラマと呼び、鉄道模型のレイアウトに対してもこうした用語で紹介する例が多くあります。また、雑誌や新聞などメディアの世界ではレイアウトを誌面の割り付けをする意味で使うことから、初心者には意味が通じない言葉と判断してジオラマで総称することを提案する動きもありました。本書では鉄道模型の文化を尊重する立場から、レイアウトとジオラマを本来の意味どおりに使い分けています。

モジュールレイアウトやセクションレイアウト

なお、モジュールレイアウト（単にモジュールとも呼ぶ）、セクションレイアウト（単にセクションとも呼ぶ）、パイクなどはレイアウトの細分化によって生まれた用語です。

　レイアウトは基盤の上に作りあげます。小さなものなら持ち運べますが、ある程度の大きさになれば、常設が必要となります。しかし、決まった設置場所が用意できない場合、移動や収納も考えねばなりません。そこでレイアウトの基盤を分割するアイデアが生まれ、分割式レイアウトあるいは組み立て式レイアウトなどと呼ばれるようになりました。

　さらに分割する特性を積極的に活かし、一定の規格で製作したレイアウトを持ち寄って楽しむ集合式レイアウトも誕生します。接続部を含めた規格さえ準拠していれば、隣同士のレイアウトは、情景的な連続性があっても、また別の情景でも構いません。春夏秋冬四季折々の違った姿を作ってもよいし、都会や田園の風景にしてもよいのです。毎年、高校生を中心に行なわれる「鉄道模型コンテスト」、あるいはNゲージ鉄道模型工業会主催の「鉄道模型ショウ」ではこうした集合式レイアウトの作例を見ることができます。この集合式レイアウトを分割したひとつひとつがモジュール（module。規格化されたユニットを示す英語にちなむ）あるいはセクション（section。区分を示す英語にちなむ）と呼ばれます。

1,200 × 300mmのスペースに電車の憩う車両基地を再現した。作品はフロア運転に接続して楽しむことを想定したセクションレイアウト（詳細は190ページ）。

　なお、セクションレイアウトは、集合式レイアウトと別の発想で作られたものを示すこともあります。例えば、駅構内や車両基地など特定の情景を切りとる形で作るレイアウトです。ジオラマに近い感覚の情景模型ですが、通常は運転も配慮された構造となります。

　パイク（pike）は当初、レイアウトと同義語でしたが、近年では小型のレイアウトを示す用語としての使用が一般的になっています。

❖ プランニングのヒント

いろいろな作品の鑑賞がモチベーションを高める

　本書では、設計から実製作までふたつの作例を元に詳細に紹介しています。ここにも個々に「プランニング」という項目を設けましたが、本項はそれ以前の話で、レイアウトやジオラマを作るための構想まとめ、あるいはモチベーションといった方がよいかもしれません。

　レイアウトやジオラマの構想は、モデラーによってさまざまなアプローチの仕方があります。

　例えば、メーカーから発売されている線路配線パターンあるいはレイアウトパターン集を参考に線路配線を決め、そこに情景のイメージを加えていくといった流れです。ビギナーが限られたスペースの中で効率的にレイアウトを作るとしたら、堅実な方法でしょう。

　一方、せっかく作るのだから端から構築したいと考える方もあります。その苦労も含めてレイアウトやジオラマの楽しみというわけです。ストイックな考え方と思われますが、これも趣味ならではの楽しみ方です。苦労した分、できあがったときの喜びもひとしおと思います。

　私の場合は、
1）ほかの方の作品に触れること
2）実物の鉄道情景に触れること

がモチベーションを高める出発点になっていると思います。

　現在のモデラーにとって「ほかの人の作品」に触れるチャンスはかなりあります。先に紹介した鉄道模型コンテストなどのイベントは、興味を持ってリサーチしていけば、チャンスはいくらでもあります。さらにインターネットや鉄道模型専門誌など、とにかく少しでも多くの作品に触れ、その魅力をどんどん吸収してください。

　私もこうした機会の積み重ねで多くのことを学びましたが、なかでもアメリカのJohn Allen氏が製作するG&D（ゴリー・アンド・デフィーテッド）鉄道との出会いは衝撃的でした。

　規格はHOゲージで、SL全盛時代のアメリカがモチーフです。なんと第二次世界大戦中（！）におよそ2×1mサイズで製作を開始、その後、新居に100㎡を超える地下室を作り、それをレイアウトルームとして拡張を続けました。時折、アメリカの鉄道模型専門誌『Model Railroader』に記事が掲載され、日本の『鉄道模型趣味』に

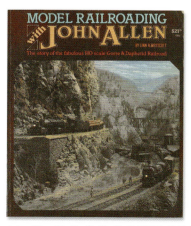 

John Allen氏の偉業は『MODEL RAILROADING With JOHN ALLEN-The Story of the Fabulous HO Scale Gorre & Daphetid Railroad-』（Kalmbach社刊）にまとめられている。初版（写真）は1981年発行だが、2011年にも拡張版を発行。レイアウトをめざすモデラーにぜひ一読をおすすめしたい名著。

Prologue

カステラ箱のレイアウト。線路は発売されたばかりのKATO製Nゲージ用を加工して使用。地面は飲み終えたコーヒー殻を撒布。ブルーマウンテンをおごったので、駅名は青山停留場。

ガラス瓶のジオラマ。唯一鉄道模型を主張する手漕ぎトロッコは真鍮材からスクラッチビルドしたもの。

水門を渡るトロッコ。橋は丸太を渡して仮設したという想定。実は実際にあった情景がモチーフとなった。

紹介されることもありました。残念ながらJohn Allen氏は1973年1月6日に逝去、さらにその10日後に火災が発生、G&D鉄道は焼失してしまったのです。

氏の本業は商業写真家で、G&D鉄道を紹介する写真もほとんどが自ら撮影したものです。フレーミング、そしてライティングなどにも商業写真家ならではの技術が如何なく生かされ、そのグラフを見るモデラーたちを魅了したのです。

広いスペースがなくても楽しさは無限大

G&D鉄道に衝撃を受けましたが、自分でそれを作るわけにはいきません。もちろん、同じものを作る必要もありません。レイアウトやジオラマへのアプローチの一情報として、私がG&D鉄道に傾倒していた時代（現在もバイブルとしていますが…）の作例をいくつかご覧に入れましょう。

晩年のG&D鉄道では恵まれたスペースに展開する雄大な情景が魅力でした。しかし、そんなスペースを確保することは困難です。押し入れの一角、あるいは天袋などのスペースをさがしたものの、いずれも親の反対の前に着工できませんでした。そこで運転できる最小限の大きさを突きつめ、A4サイズの木箱（カステラ箱）への製作を思い立ちました。軌間は9㎜ですが、縮尺は1/80。

ナローゲージの軽便鉄道がモチーフです。

カステラ箱レイアウトを作った高校時代、まだ田宮模型と呼ばれていたタミヤから情景スプレーが発売されました。今は廃盤となってしまいましたが、雪を表現できるスプレーもありました。これを使ったのがガラス瓶のジオラマです。コルク栓を地面にして、逆さまにした広口瓶をケースとしました。雪に埋もれていますが、線路が敷かれ手漕ぎトロッコもあるので、本人はれっきとした鉄道模型のつもりです。

最後は20代の作品ですが、友人が撮ってきた利根川工事軌道の写真を見て一気に作ってしまいました。変わったシチュエーションですが、実はスケールモデルといってもよいほどです。

こんないい加減な模型ばかり作っていましたが、情報の少ないなか、レイアウトやジオラマの楽しさに開眼できた良き時代だったと思います。

❖ モデラーの夢を刺激する情景の例

車両はもちろんだが建物や情景そのものが魅力

　前項で紹介したカステラ箱やガラス瓶のように、レイアウトやジオラマは実物とは切り離されたファンタジーの世界として表現することもできます。

　一方、大半の鉄道模型には実物（プロトタイプ）が存在します。実物の鉄道に触れていくと、ときには心を打つ情景に巡り合うこともあります。例えば、友人が撮ってきた利根川の工事軌道の情景は衝撃的でした。こんないい加減な橋梁があることにもびっくりしましたが、そこを小さなディーゼル機関車が数多くのトロッコを従え走っていく。さらに運転室に乗りきれなかった作業員は機関車のデッキにしがみついている…。おとぎ話のような世界が実際にあったのです。

　自分も旅を重ねていくとこうした出会いがあるものです。そうした情景を見つけると、いつしかそれを模型化してみたいと思いつつ、ついシャッターを切ってしまうのです。こうした経験の積み重ねがレイアウトやジオラマとして具現化していくことも多いのです。

　自分のアルバムの中から、いくつかそんな情景をご紹介しましょう。

❶SL時代の国鉄ローカル線

　昭和40年代、まだ全国各地でSLが活躍していました。写真は久大本線の光岡〜夜明間でとらえた早朝の普通列車です。白銀色に輝く二条のレール。この線路の美しさに感動しました。レイアウトに美しいカーブの線路を盛りこみたいという意識は、このときの出会いが原点です。

　また、白い煙に浮きたつ線路沿いの電柱にもご注目ください。これは"ハエ叩き"と呼ばれた電信柱です。鉄道電話あるいは閉塞のための通信ケーブルが何本も通じていました。今や情報は同軸ケーブルや光ケーブルで伝えられ、この情景も過去のものとなりました。

❷ローカル線の駅

　津軽鉄道の津軽飯詰駅です。こぢんまりとした構内には木造の倉庫があり、その前に貨車も停まっていました。すでに貨物列車の運行は終わっていましたので、余剰車両を留置してあっただけかもしれません。また、構内にストックしてあるレールは草に埋もれがち。のんびりとしたローカル線の情景を再現してみたくなります。

❸木造駅舎

　ローカル線といえば木造駅舎も欠かせません。これは肥薩線の真幸駅。下見板に漆喰の壁。今も明治44年（1911）の開業当時の姿をよく残しています。すでに100年を超えていますが、今も現役。経済産業省が選定した近代化産業遺産にも認定されています。

❹シンボルツリー

　大井川鐵道の川根小山駅はホームと丸太造りの待合室だけという簡素な設備ですが、待合室のわきに桜の巨木がそびえ、シンボルツリーとなっています。訪ねたときは5月初旬。芽生え始めた若葉が輝いていました。こんな木をレイアウトに再現したいものです。

❺線路ぎわの子どもたち

　昭和40年代に見かけた線路わきの情景です。栃木県の山奥にあった専用線では線路が道路のように使われていました。子どもたちが線路をたどって友だちの家に遊びに来たようです。今、こんなことは危険きわまりない話ですが、こんなのんびりした情景もレイアウトやジオラマの中なら許されるでしょう。

❻工場

　配管が複雑に交差する工場も模型化してみたいテーマです。写真は岳南電車の比奈〜岳南原田間。まだ貨物列車を運行していた時代の写真です。まるで工場の中を走るような感じで、現在ではこの車窓が日本夜景遺産にも選定されています。この情景を模型で再現するときは、ぜひ照明も組みこんでおきたいものです。

Prologue

❶ SL時代の国鉄ローカル線／白銀色に輝く二条のレールが線路の魅力を表している。線路ぎわに並ぶ"はえ叩き"にも注目。

❷ ローカル線の駅／島式ホームの右側に木造倉庫と無蓋貨車も見える。草生した線路からもローカル色が感じられる。

❸ 木造駅舎／明治時代に建設された木造駅舎もいくつか現役で使用中。当時の情景を今に伝える貴重な生き証人だ。

❹ シンボルツリー／駅の歴史を物語るような一本立ちの樹木。桜並木のある駅も多いが、潔い一本立ちも魅力的だ。

❺ 線路ぎわの子どもたち／常識的に考えれば危険極まりない情景だが、こんなことが許される時代もあったのだ。

❻ 工場／複雑に絡み合った配管類。模型化はてこずりそうだが、何ともモデラーの意欲を刺激する情景ではなかろうか。

　なお、こうした模型化したい情景を求めて旅に出られれば最高ですが、現実的に不可能な場合もあります。特に時間をさかのぼって過去に行くことはできません。ちなみにここで紹介した中にも、今では見られなくなった情景があります。

　一方、モデラーには想像力という素晴らしい武器があります。たった1枚の写真、そこからイメージを膨らませ、レイアウトやジオラマに仕立てることもよく行なわれている手法です。前ページでご紹介した水門のジオラマも1枚の写真からできあがりました。そう考えていくと、歴史的な鉄道や周辺の情景をとらえた写真集などは、モデラーにとってはテーマやモチーフを得るための宝箱となるわけです。

900×600㎜のスペースに展開するNゲージのレイアウト。実物の世界に換算すると東京ドームのわずか1/4程度の広さでしかない。エッセンスを活かしつつデフォルメしながら作ることが重要だ。

❖ Nゲージのレイアウト

車両から情景素材まで製品が豊富なNゲージ

　レイアウトやジオラマを作るとき、その縮尺はどのように選べばいいのでしょうか。1/10、あるは1/100といった10進法で計算しやすい縮尺で作る方法もあります。確かに縮小計算はしやすいですが、鉄道模型の世界では一般的な考え方ではありません。

　鉄道模型には世界的に認められた規格（ゲージ／geuge）がいくつかあります。これは縮尺（スケール／scale）と軌間（規格と同じgeuge）によって定められています。例えば、日本でもっともユーザーの多いNゲージは縮尺が1/150ないし1/160、標準的な軌間は9㎜と決まっています。レイアウトやジオラマを作るときもこの規格に準拠するのが一般的です。なお、Nゲージの「ゲージ」は、軌間のことではなく規格の意味です。

　さて、レイアウトやジオラマを作るとき、世界的に定められた規格を使うとメリットがいくつもあります。第一に線路、車両、建物といった製品を活用でき、また同好の仲間たちとともに楽しむことができるのです。特に運転を考えるレイアウトは、この鉄道模型の規格に準拠しなくては実現不可能といってもいいでしょう。

　日本では線路、車両、建物、さらには人形などを考えてもNゲージの製品が豊富にそろい、もっともレイアウトやジオラマを作りやすい環境が整っている鉄道模型の規格といえます。というわけで、以下、本書で作例を紹介するレイアウトやジオラマはすべてNゲージの規格で作られたものを集めました。

運転を考えるときもNゲージが断然有利

　また、縮尺に関連したスペースの点でもNゲージは有利といえます。細部まで作りこみたい、よ

Prologue

りリアルな質感を再現したい、視覚的なボリューム感を味わいたい、などの理由からＮゲージより大きなHOゲージ（日本型は1/80、16.5㎜軌間が標準）やOゲージ（日本型は1/45など、32㎜軌間が標準）を採用するモデラーも数多くいます。しかし、レイアウトに特化して考えてみると、スペース的な制約が増えてきます。例えば、一般的な車両を走らせるための最少半径はＮゲージが30㎝程度なのに対してHOゲージは60㎝程度。つまり、縮尺が大きな規格ではレイアウトのスペースもその分、広くなってしまうのです。

もっともＮゲージだから単純にコンパクトにできるというわけではありません。実物で標準的な20ｍ級車両で編成を組む場合、山手線並みの11両編成とするとＮゲージでもおよそ1.5ｍになってしまいます。この編成でゆったりとした走行シーンを楽しみたいとすれば、最低でも4畳半から6畳程度のスペースがほしくなります。

ちなみに本書で製作方法を紹介したレイアウトの900×600㎜という広さは、縮尺1/150で考えると0.012㎞²。東京ドームの1/4程度の面積です。ここに列車を走らせ、いろいろな情景を作りこんでいくわけです。実物そのままに再現することは元より不可能な話。エッセンスを活かしつつデフォルメしながら作らざるを得ないのです。

なお、900×600㎜のレイアウト用基盤はKATO、TOMIXなどから発売されていますが、両社ともこの基盤を複数つなげてより大きなレイアウトに仕立てることも想定した構造となっています。

昨今、KATO、TOMIXのＮゲージ用線路では半径の小さなものも各種ラインナップされるようになってきました。また、こうした急半径の線路を走行でき、なおかつ見た目も自然な小型車両も多数製品化されています。選択肢がぐっと増えてきているのです。モデラーにとって、Ｎゲージのレイアウトを楽しむ環境がますます整ってきたといえるでしょう。

Ｎゲージでは、鉄道施設から一般の民家や商店、寺社仏閣まで、さまざまなシチュエーションの建物（ストラクチャー）がそろう。さらに時代的なバリエーションも豊富で、レイアウトやジオラマを製作しやすい条件がそろっている。

Lesson 1

知っておきたいNゲージの基礎知識／Nゲージ

電車や客車の長さが13cmほど。手のひらに乗るようなコンパクトサイズながら模型の忠実度や細密度は驚くほど高いレベルです。そしてスムーズで安定した走行を生み出す駆動装置。線路や情景製作用品など関連製品も充実しているのが現在のNゲージの世界です。

Nゲージは国際規格

鉄道模型では、車両の縮尺などが世界的なルールとして定められています。日本でもポピュラーなNゲージは、軌間（レールとレールの幅）が9mmを示す英語のNine（ドイツ語ではNeun）の頭文字が語源です。

規格があるから異なるメーカーの車両でも、編成組みも運転も可能

車両の縮尺は在来線が1/150、新幹線は1/160と定められています。それから列車の走行に用いる電気も直流0〜12Vが規定値となっています。

このような規格が定められているからこそ、異なるメーカーの車両どうしでも、編成を組むことができ、運転を楽しむことができるのです。

本書では特に必要性がないので説明を省いていますが、国際規格では他にも細かな規定があります。興味のある人は自分で調べてみるのもよいでしょう。

新幹線がまだ登場していない昭和30年代中頃をイメージした情景。レトロな建物にも昭和の香りが漂う。

連結器の世界標準はアーノルドカプラー

　もっとも一般的な連結器（カプラー）としてアーノルドカプラーがあります。現在、Nゲージの世界標準タイプであり、仕様基準も厳格に定められています。日本はもちろん、海外のメーカーでも採用されており、このタイプなら連結する相手のメーカーは問いません。

　もうひとつアーノルドカプラーの特徴は、車両の連結方法が簡単であること。そして確実性がある点です。ビギナーでも安心して使えます。

日本だけでなく海外製品もアーノルドカプラーは採用されている。

アーノルドカプラーの連結方法

線路上で連結する相手車両に軽く押し当てるだけ。簡単、確実。

極性によって進行方向も決まる

レールの通電極性によって進行方向も決まる

　Nゲージでは2本のレールにプラスとマイナスの電気を流し、これを左右の車輪を通じて車内のモーターやライトへ誘導する仕組みが一般的です。制御電圧が直流0～12Vであることは先に述べましたが、別の決まりもあります。それは右側のレールがプラス、左がマイナスのとき、前進のルールです。

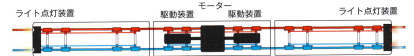

モーターを含む駆動装置　ライト点灯装置

DC12V

CHECK
まずはカタログを読み販売店で情報収集

　模型メーカーの中にはKATOやTOMIXのように車両とともに線路や制御機器なども手がけている総合メーカーがあります。Nゲージの規格とは別に、メーカー独自の規格を設けた仕様の製品もあり、共用性や互換性がない場合もあります。その点を把握しておくためにも、最低でもこの2社のカタログには目をとおしておいた方がよいでしょう。

　それと実際に製品を買うとき、どこで買うかも重要な課題です。現在、鉄道模型は、いわゆる鉄道模型専門店以外に、量販店や百貨店、ショッピングモールなどに売り場が設けられていることが多いです。いずれにしても販売店に関する情報は、メーカーのカタログやホームページから入手できるので、これを参考に、何店か覗いてみることをおすすめします。実際に製品の現物を店頭で見て、仕様を確かめることもできますし、知らなかった製品に関する情報を手に入れることができるかもしれません。

　それから店員さんに必ず声をかけてみましょう。これから鉄道模型を始めようとする人にとっては、わからないことも多いはず。そんな時、アドバイスしてくれる店があれば心強いでしょう。単なる製品購入だけならネット通販の方法もありますが、相談にのってくれたり、指導してくれる販売店があれば、安心して製品が購入できます。そんな店を探すのも鉄道模型の楽しみ方のひとつです。

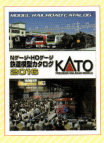

次ページに続く ➡

最初に製品群の構成イメージを把握する

現在、市販されているNゲージ全体の製品点数は極めて多く、鉄道模型を始めようとする人を困惑させてしまうのも事実です。そこで個々を理解する前に概要を把握しておきましょう。

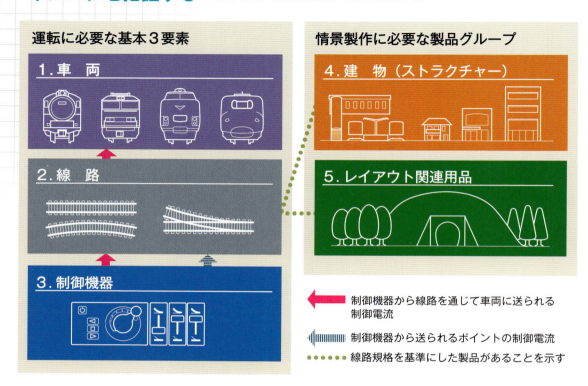

各種製品をグループに分けて観察し知識を深める

1.車両
国鉄時代の車両やJR化以降に登場した車両、地方鉄道も含めた私鉄車両などなど。時代的にも地域的にもバラエティーに富んだ車両がさまざまなメーカーから製品化されています。モデルとなる実車があるので理解しやすいグループです。

2.線路
現在、Nゲージでは道床付き線路と呼ばれる金属製のレールをプラスチック製の道床で固定した線路が主流です。強度もあり安定した走行を楽しめる一方、規格化された線路なので、使用に際し、この点を理解しておく必要があります。

3.制御機器
線路を介して車両を制御する電気を線路に供給する装置。電源は家庭用コンセント（交流100V）から電気を取ります。結線をコネクター式にした製品が多く、電気の専門的な知識は基本的に必要ありません。

4.建物（ストラクチャー）
駅やホームなど鉄道施設関連の建物と住宅、商店、ビルのような街並みを作る建物に区分されます。駅舎やプラットホームなど鉄道施設関連の製品の中には線路規格をベースにした製品もあるので、線路と組み合わせる際は注意が必要です。

5.レイアウト関連用品
情景製作用のさまざまな製品をさします。製品の種類は極めて多く、車や人形などの小物類は、アクセサリーの名称で紹介されることもあります。建物と同様、製品の中には線路の規格をベースにした製品もあり、使用時は注意が必要です。

密接な関係がある
車両・線路・制御機器

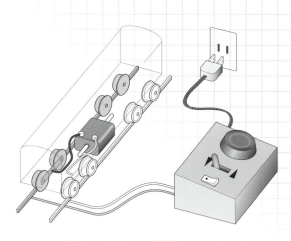

　Ｎゲージは車両を運転して楽しむ鉄道模型です。そのため走行する車両とこれを動かす制御機器、この間の送電役を担う線路には密接な関係があります。

　Ｎゲージの車両を運転する仕組みを簡単に説明したのが右の図です。制御機器は家庭用コンセント（交流100Ｖ）から電気を取り、これをＮゲージの規定値である直流０〜12Ｖに変換します。

　線路の２本のレールは電気的に完全に分離され、制御機器から車両の走行をコントロールするためのプラスとマイナスの電気がフィーダー線を通じて送られてきます。

　レールに送られてきたプラスとマイナスの電気は、左右の車輪から車内に積載されたモーターへと流れます。モーターの回転は車輪の駆動装置を動かし、車両は動きます。

線路に付帯する製品は
使用に際し注意が必要

　総合メーカーのTOMIX（トミックス）とKATO（カトー）の建物で、駅やホームなど鉄道施設関連の建物は、レイアウト上に簡単に設置できるように線路の規格に合わせて設計されているものが多くあります。

　しかしながらTOMIXとKATOの線路は各々が自社のオリジナル規格のため、異なるメーカーの線路と建物の組み合わせは基本的に難しいデメリットもあります。

　架線柱など線路に付帯して使用する製品も同じです。購入時によく検討しましょう。

上がTOMIX、下がKATOの架線柱。自社の線路を使った複線に合わせた仕様になっている。

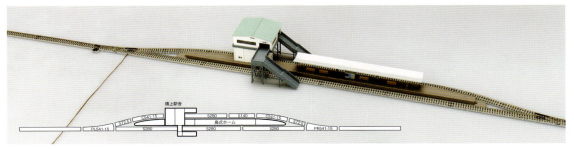

TOMIXのニュー橋上駅舎と島式ホームの組み合わせ。自社の線路の指定された線路配置の中にぴったり収まる仕様になっている。

Lesson 2

知っておきたいNゲージの基礎知識／車両

車両の楽しみ方はコレクション、運転、完成品に手を加えるなど、いろいろあります。しかし究極の楽しみ方は、やはり情景つきレイアウトでの運転です。お気に入りの風景の中を、お気に入りの列車が走る。車両はレイアウトの構成要素のひとつとして考えるべきでしょう。

Nゲージの線路上に あらゆる鉄道車両が集う

国鉄時代の車両やJR化以降に登場した車両、地方鉄道も含めた私鉄車両などなど。時代的にも地域的にもバラエティーに富んだ車両がさまざまなメーカーからリリースされています。

Nゲージの魅力は 模型の車両からも発信される

あなたは自分の好きな車両や列車を何点くらいあげられますか？ 今では乗ることも、見ることもできない鉄路の上から消え去ってしまった懐かしい車両。自分にとって思い出深い車両。憧れの車両。デザインが気にいった車両。車両や列車を選ぶ基準は人それぞれだと思いますが、現在のNゲージ市場を見渡せば、あげた車両の大半を見つけられるはずです。それくらい車両の種類は充実しているのが現在のNゲージ市場です。

そんな車両が、情景つきレイアウト上の懐かしい、憧れの風景の中を走る。想像するだけでも心躍らせられる光景ではないでしょうか。情景つきのレイアウトだからこそ、車両が見せてくれる魅力もあります。

車両は精密機器の意識をもって扱うことが大切

　Nゲージ車両の完成度は極めて高く、本物の車両と見間違わんばかりの精密さです。プラスチックの成型技術を活かし、微細な個所まで忠実に再現されています。部位によっては成型ではなく別パーツ構成にして、よりリアルなディテール表現をしたり、また車体面の小さな標記文字なども印刷技術を駆使して再現しています。

　鉄道模型である以上、当然なことですが、車両は頑丈さより外観的なリアルさが重視されます。模型として加工できる極限のサイズまで小さな物は小さく、細い物は細く再現されています。もし強度を求めるなら、パンタグラフは極太の線になってしまい、模型としての意味をなさなくなってしまいます。言いかえるなら鉄道模型の取り扱いには繊細さが必要です。乱暴に取り扱えば壊れます。それからホコリも車両には大敵です。特にモーター内蔵の動力車の場合は、ホコリの巻き込みが走行不良の原因にもなります。マメな手入れとメンテナンスもモデラーにとっては不可欠なことです。

KATOのC62は蒸気機関車の模型のなかでも秀作のひとつ。実車が持つ重厚さをNゲージサイズでみごとに再現。

蒸気機関車特有のメカニカルな動きを見せてくれるクロスヘッドまわりも忠実に再現。

運転室の小さな表記文字もこまごました分配弁周辺も忠実に再現。

CHECK

車両のライトと照明が作り出す夜行列車の世界

　完成品車両の場合、基本的にヘッドライトやテールライト、トレインマークの点灯が標準仕様になっています。またオプション仕様も含め、ほとんどの車両が車内の室内灯も点灯可能です。部屋の明かりを落として、車両を走らせれば、魅力的な夜行列車の世界が広がります。

室内が点灯状態になることで室内のディテールも引き立つ。

明かりを点しながら走行するトワイライトエクスプレスとカシオペアの離合シーン。模型の世界ならいつでも実現可能。

次ページに続く ➡

重要なチェック項目
最小通過半径を確認すること

　鉄道模型の場合、小さなスペースでも運転ができるよう、本物では考えられないような小半径の曲線線路を使います。本物の営業線区では半径100mの急カーブもありますが、Nゲージでは半径が60cmを超えてしまいます。大きな部屋があるならともかく、現実的には厳しい条件です。そこで模型の車両は小半径の曲線も通過できるような設計がなされていますが、それでも車両の特性上、限界がある車両もあります。

　メーカーのカタログを見ると、注釈として『最小通過半径：R249』や『新幹線車両の通過カーブ半径は280㎜以上です』のような記述がされている車両があります。簡単に言えば、これより小

カタログの頁　　最小通過半径・R249mm

さな半径は、車両が通過できませんよ！　の意味です。線路を購入するときやレイアウトプランを考えるときの条件になるので注意が必要です。

車両サイズの比較例

北海道新幹線H5系の先頭車は1／160でも16cmを超える。写真のように18m級の京急新1000形と比べると、その大きさがわかるはず。新幹線車両の制約条件が多くなる理由のひとつである。

レイアウト製作をするときは
建築限界にも注意

　フロアー運転では、ほとんど意識することはないと思いますが、曲線区間の影響は走行させる車両の種類だけではありません。直線区間から曲線区間に車両が入ると、端は曲線の外側へ、車両の中央部は内側へ、かなり膨らみます。ここに何か構築物があれば、接触事故が起きます。小半径ほど膨らみは大きくなるので、レイアウトを製作するときには注意が必要です。

　また新幹線車両はもともと車体が大型なため、1/160の縮尺サイズでもこの現象は大きく、さらなる注意が必要です。

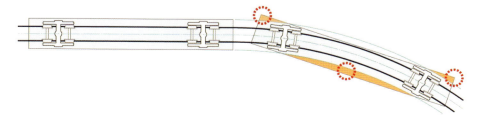

曲線区間では車両の端や中央部は直線区間での幅を超えて外側に張り出している。

登坂力・牽引力を上げる工夫がされた動力車

　Nゲージの動力車（モーターつき車両）は微速から高速まで、安定した走行を楽しめる高い性能を持っています。また、そのためのいろいろな工夫もされています。

　たとえば小半径の曲線とともに、Nゲージでは急勾配も避けられない条件です。北陸新幹線では1000mの走行に対し30m上る30パーミル（3％）勾配が、九州新幹線では35パーミルの勾配も存在しますが、模型ではメーカーの勾配用製品でも5％前後の勾配が設定されています。特に曲線の勾配区間は負荷が大きくなり、強力なモータ

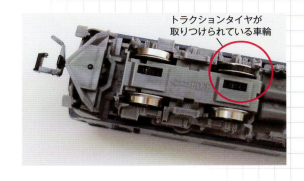

トラクションタイヤが取りつけられている車輪

ーだけでは大きな登坂力は得られません。そのためNゲージの車輪にはトラクションタイヤといわれる車輪とレールの摩擦力を高める工夫がなされています。

Attention 連結器（カプラー）の仕様を確認すること

KATOの683系とE657系の連結面。同じ密連タイプでも仕様が異なる。

同じ系式（新幹線E6系）でもTOMIX（左）とKATO（右）で連結器（連結方式）の仕様が異なる例。

❶

❷

❶TOMIXの密連タイプと密自連タイプを採用した例。❷同じタイプなら異なる形式でも連結は可能。

　車両を購入する際に注意しなければならないのが、連結器（カプラー）の仕様です。

　機関車や客車、貨車など、いろいろな形式や他社の製品とも連結し、混成で編成を組む機会が多い車両は基本的に世界標準のアーノルドカプラーが採用されています。

　しかしながら近年は外観や機能を優先したメーカーオリジナルタイプの連結器も増えてきています。中には共用、互換性のあるタイプもありますが、多くは他社の車両とは連結できない独自のタイプです。特に新幹線や新系式のような固定編成ほど、この傾向が強く、このタイプの連結器が使われている車両は、必然的に同一メーカーの車両でなければ編成を組めません。

Lesson 3

知っておきたいNゲージの基礎知識／線路

現在、市販されているNゲージ用の線路は、フレキシブル線路と道床付き線路に分類されます。前者は任意の線路形状に線路を曲げ、ボードに固定して使うのが前提の線路であり、後者は何種かの直線や曲線などの線路を組み合わせてレイアウトを組むタイプの線路です。

現在のNゲージ線路の主流は道床付き線路

道床付き線路は普及した第一の理由は扱いやすさ。規格化された直線と曲線の線路が何種かあり、これらを組み合わせるだけで、イメージした線路配置を組むことができます。

組立式、固定式レイアウト両方に使える道床付き線路

運転の都度、線路を組み合わせ、運転を終えたら分解するフロアーレイアウトでは必ずしも設置する場所の条件がよいとは限りません。部屋の中にある微妙な段差でも、道床付き線路は線路自体の剛性で、走行に影響しないゆるやかな勾配を構成してクリアしてくれます。

外観のリアルさにも注目。枕木やバラストなども表現され、また実物の道床部の違いに合わせ、これらを作り分けた製品もそろっています。

形状的なリアルさから、固定式レイアウトでの使用にも適しています。

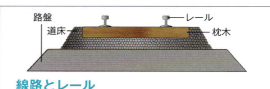

線路とレール
道床付き線路を道床付きレール、あるいは単にレールと表現されるケースもあるが、厳密には線路は軌道とこれを支持する路盤をさし、軌道はレール、枕木、道床で構成される。

▼実物同様さまざまな線路が製品化されている

トラム軌道
路面電車や近年、増えつつあるLRT用の道路との併用軌道用。

PC枕木
耐用年数が長く、保守費を軽減できるなどの理由から、現在では標準的な枕木。

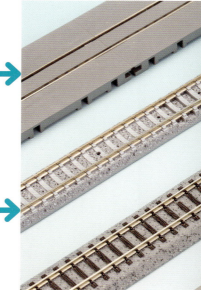

道床付き線路の規格の ベースとなる考え方

　道床付き線路は、直線線路、曲線線路、ポイントなど、多種類の製品がラインナップされています。これはいろいろな線路配置を組めるように考えられたもので、これによりユーザーはイメージした線路配置を自由に楽しむことができるのです。

　曲線線路は、各メーカーとも基本的に8本で円形が構成できる（円弧の角度は45度）ように構成されています。半径は各種ありますが、いずれも45度が基本です。この45度曲線だけでも直線線路と組み合わせることでいろいろなバリエーションが作れます。右の図ではそんな線路配置の一例を紹介しました。

　一部の曲線では、15度あるいは30度といった線路も用意されて、これにより線路配置のバリエーションはさらに増えます。また、直線線路の長さも45度以外の曲線線路を組みこめるように工夫され、これが基本規格以外の端数線路として製品化されています。これを使えば、単純な小判型でも微妙な変化、アクセントを加えることができます。このほか、複線、複々線などにも対応できるように製品化されています。

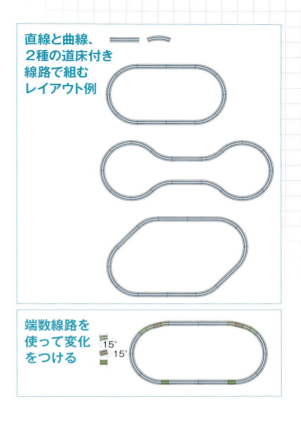

直線と曲線、2種の道床付き線路で組むレイアウト例

端数線路を使って変化をつける

昔の線路は木枕木、道床はバラスト（砕石）が普通でしたが、現在はさまざまな形態の線路があります。模型でも何タイプか製品化されていますので、よりレイアウトの情景設定にマッチした線路を選べるはずです。

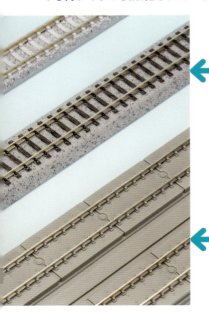

木枕木

かつては最も多く使われていたタイプ。現在では特定の線区でしか見られない。

スラブ軌道

バラストレス軌道であり、主に新幹線のような高規格軌道に用いられる。

次ページに続く➡

選ぶなら総合メーカーの道床付き線路

現在、市場で大きなシェアを持つ道床付き線路は総合メーカーのTOMIXとKATOの製品です。線路の種類が豊富なだけでなく、鉄橋や高架線路など関連する製品も充実しています。

メーカーのオリジナル規格で製品展開

軌間はTOMIX、KATOともにNゲージ規格の9mmですが、道床部の形状はかなり違います。それから線路と線路を接続するジョイント部の構造も異なるため、そのままでは両社の線路をつなぐことはできません。

また直線線路と曲線線路の基準単位は両社でまったく異なります。特に重要なのは駅舎やプラットホームなどは、自社の線路規格をベースに製品化された製品が多くある点です。このため共用性、互換性が乏しく、使用上の難点でもあります。

このような理由から線路を購入する際は、自分の好みや将来的な発展プランを検討してからの選定をおすすめします。

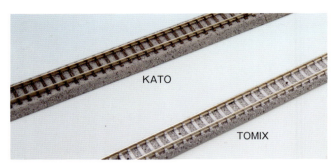

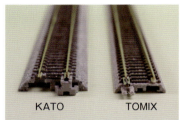 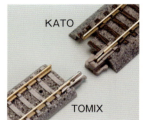

大きく異なる道床部の形状と接続部の構造
写真のようにTOMIXとKATOの道床部は、高さ、幅ともに両社で大きく異なる。また、ジョイント構造も違う。

TOMIXの線路規格例

直線の長さは70mm単位。複線間隔は37mm。

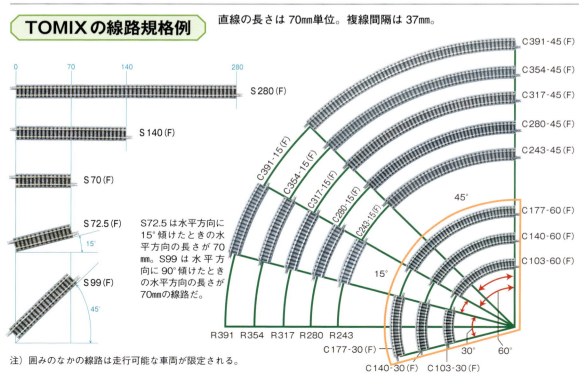

S72.5は水平方向に15°傾けたときの水平方向の長さが70mm。S99は水平方向に90°傾けたときの水平方向の長さが70mmの線路だ。

注）囲みのなかの線路は走行可能な車両が限定される。

仕様を判読できる記号名称

両社ともに個々の製品名をアルファベットと数字の組み合わせで表示しています。だいたい似たような方式なので、メーカーのカタログなどを参照して、決まりを覚えれば、使う時も便利です。なお製品名は原則、線路の裏面に表示されています。

直線線路／ TOMIX：S280　KATO：S248
両社ともに頭のSは直線、続く数字は線路の長さを意味します。

曲線線路／ TOMIX：C280-45　KATO：R282-45
アルファベットのCとRは曲線、最初の数字は半径、ハイフォン後の数字は角度の意味です。

電動ポイント／ TOMIX：PR541-15　KATO：EP481-15R
両社とも数字の個所は同じで最初が半径、後が角度を示します。TOMIXのPRは右片開き分岐のポイント、KATOのEPは電動ポイント、最後のRは右片開き分岐を意味しています。

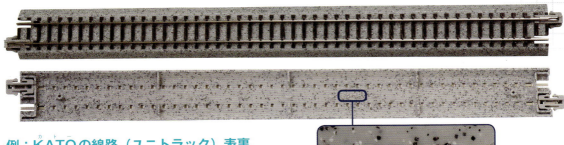

例：KATOの線路（ユニトラック）表裏
線路の裏面には製品名が入っている。レイアウトを組むときは、これで種類を確認して組み合わせる。

KATOの線路規格例

直線の長さは62mm単位。複線間隔は33mm。

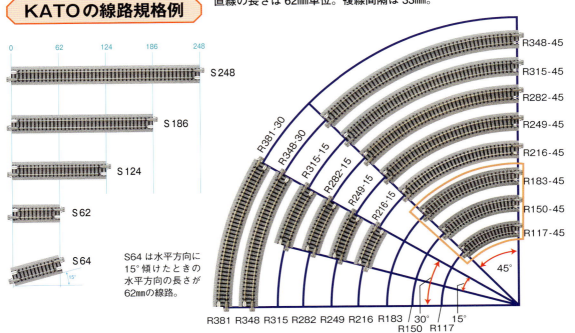

S64は水平方向に15°傾けたときの水平方向の長さが62mmの線路。

注）囲みのなかの線路は走行可能な車両が限定される。

次ページに続く➡

ポイントが作りだす魅力的な走行シーン

駅での列車の交換シーンや複雑に組み合わさったポイントを通過しながら車両が基地から出庫するシーン。運転の面白さはポイントが加わることで格段にアップします。

ポイントの種類と数で運転のバリエーションは変わる

鉄道用語では分岐器といい、車両はポイントによって進行経路を変えます。実物の鉄道でも重要な役割を担うポイントですが、特に限られたスペースに線路を設置しなければならない模型では、ポイントの使い方次第で運転の面白さ、魅力も大きく変わってきます。

分岐器各部の名称

ポイント部／リード部／クロッシング部

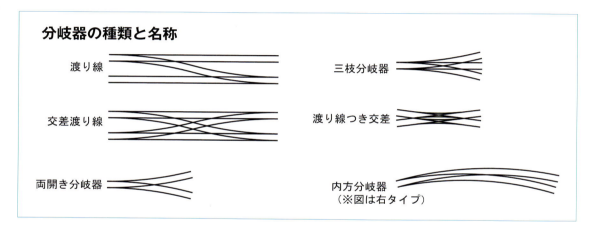

分岐器の種類と名称

渡り線／三枝分岐器／交差渡り線／渡り線つき交差／両開き分岐器／内方分岐器（※図は右タイプ）

優れた特長を持つ電動ポイント

TOMIX、KATOともに外観からは駆動装置の存在を全く感じさせない設計です。駆動装置は道床内に完全に収まる構造です。

それとポイント部（正確には可動部をトングレールと言います）の切り換えと同時に、内部で通電方向の切り換えも行う機構が組みこまれている点も注目すべき機能です。進行方向と通電方向が同時にコントロールされる。もしこの機能がなければ、図の右側のように留置線にある2車両が同時に動いてしまいます。

←電動ポイントの切り換えは手元のスイッチレバーの操作でできる。

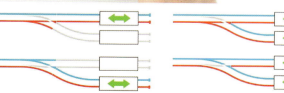

ポイントの動きで通電が切り換わる。　ポイントの動きにかかわらず通電。

直線線路の長さ、曲線線路の半径 複線間隔が基準の各種電動ポイント

TOMIX、KATOの両社とも自社の線路規格をベースに製品化されています。規格の考え方を事例で紹介します。規格の考え方を理解できれば直線や曲線、ほかのポイントとの組み合せも簡単に行なえます。

TOMIXの主なポイント

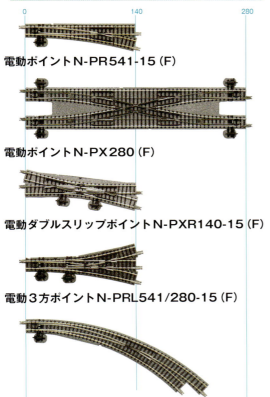

電動ポイントN-PR541-15（F）

電動ポイントN-PX280（F）

電動ダブルスリップポイントN-PXR140-15（F）

電動3方ポイントN-PRL541/280-15（F）

電動ポイントN-CPR317/280-45（F）

KATOの主なポイント

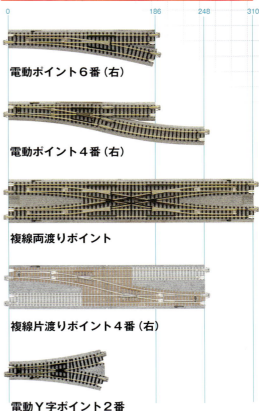

電動ポイント6番（右）

電動ポイント4番（右）

複線両渡りポイント

複線片渡りポイント4番（右）

電動Y字ポイント2番

CHECK

簡単で確実な接続方式のフィーダー

制御機器からの電気を線路に送るのがフィーダーです。TOMIXは、線路敷設後の線路の中央部にある差込口にフィーダーを挿入する方式。KATOは専用線路の裏側から取りつけてから線路を敷設する方式。取りつけ方法の違いはありますが、両社ともに簡単に取りつけ可能です。

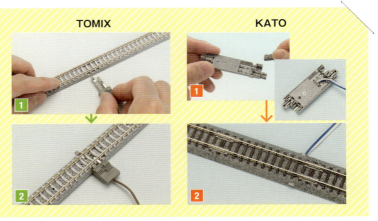

次ページに続く➡

初めての鉄道模型レイアウト

レイアウトの必須アイテム
鉄橋などの線路建造物

河川などを渡る目的で作られた施設を橋梁といい、模型の製品名で多い鉄橋は、橋桁の個所を指します。鉄橋を列車が渡るシーン、実物でも模型でも魅力的な情景です。

線路規格を基準にした製品展開

TOMIX、KATOの両社とも、鉄橋などの線路建造物はすべて自社の線路規格を基準に製品化されています。鉄橋の長さは直線線路と同じ。複線用では鉄橋の複線間隔も一般の線路と同じです。またスパン（径間）の異なる鉄橋を組み合わせることも可能で、より風景にマッチしたシーンを作れます。

複線用の鉄橋と高架線を駆ける新幹線
TOMIX、KATOともに線路規格をベースにした鉄橋や高架線路用の製品が数多くそろっている。

TOMIXの主な鉄橋

単線トラス鉄橋セット（F）（青）

スルーガーダー橋（F）（青）

大型のトラス鉄橋は直線線路S280と同じ長さ280mm、ガーダー橋は1／2の長さ140mmの仕様。

KATOの主な鉄橋

単線トラス鉄橋（朱）

単線プレートガーダー鉄橋（朱）

大型のトラス鉄橋は直線線路S248と同じ長さ248mm、ガーダー橋は直線線路S186と同じ長さ186mmの仕様。

高架線路、勾配区間も簡単に組めます

鉄橋と同様に、高架線路や地上線から高架線に移る勾配区間用の製品もそろっています。いずれも自社の線路規格を基準にして製品化されているため、同一メーカーの線路との組み合わせが前提になります。

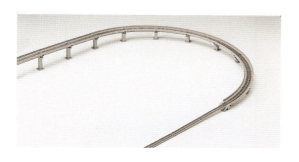

小半径の曲線が活きるレイアウトもある

小半径の急カーブは車両走行の制約条件になることが多くあります。しかし逆に小半径が、レイアウトのメリットになるケースもあります。

小型車両と小半径が生みだす魅力的なレイアウト

　TOMIX、KATOともに半径の小さな曲線線路を製品化しています。走行可能な車両が限定されるため、『ミニカーブレール』や『ユニトラックコンパクト』のような名称で通常の線路とは区分していますが、小さなスペースでも魅力的なレイアウト製作を可能にしてくれる線路です。と同時に小半径ならではの味わい深い列車の走行シーンを堪能させてくれます。

　本書でも、この種の線路を使った作例を紹介していますので参考にしてください。

小半径の曲線が活きるレイアウトもある
急カーブはレイアウトでの運転では、制約条件になることも多いが、逆に急カーブが活きる、魅力的なレイアウトもある。

江の島の雰囲気がレイアウト上に漂う
現地にいるような錯覚を覚える情景。十分な製作前の調査、考証が、こんなに素敵なレイアウトを生み出してくれる。

CHECK
メンテナンスとホコリ対策

　運転を終えたら当然ながらあと片づけの作業があります。車両はパンタグラフなど壊れやすい個所に注意しながら収納します。なお車輪やレールの表面は走行を続けると、だんだん汚れてきます。汚れてくると、通電が悪くなり走行不良の原因になるので、定期的に汚れを除去する必要があります。各社からいろいろな対策用のメンテナンス製品が製品化、市販されていますので、用意しておくと便利です。

　また固定式レイアウトでは、運転以外のときは、カバーやシートをかけて、ホコリ対策も徹底して行ないましょう。

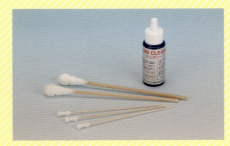

写真はKATOのユニクリーナー。レール表面や車輪の汚れを落とす洗浄専用材。綿棒や綿棒につけて汚れを拭きとる。

次ページに続く ➡

自動可動の踏切や信号機について

警報機や遮断機を作動させる自動可動の踏切や信号機

列車を走らせる線路とは直接的には関係ありませんが、線路わきを飾るアイテムとして踏切や信号機があります。特に自動可動の踏切や信号機は列車の接近・通過だけでなく、進行方向も検知して踏切なら警報機と遮断機を、信号機なら点灯色を変える動作を行ないます。

KATOとTOMIX、両社の製品がありますが、いずれも自社の線路への組み込みを前提に設計されていますので、これも線路選定の条件になるかもしれません。

線路わきに光と音でアクセントを添えるのが信号機と踏切です。いずれも列車の動きを検知して作動する構造なので車両に特別な加工をする必要はありません。

KATOの自動踏切S。列車の接近に連動して、警報機が点滅・鳴動、遮断機の開閉を自動で行なう。

◆KATOの3灯式自動信号機の動作

模型の信号機は本物のように信号機で列車をコントロールするわけではなく、走行する列車の動きに合わせて信号機の色灯を変える仕様。この考え方はKATO、TOMIXともに同じである。

先頭車の車輪がセンサーに触れると、緑から赤へと変化。

最後尾が通過し終わると、赤から黄へ。

さらに黄から緑へと変化。

逆行時、信号機は常時赤が点灯。停止時(無通電)、常時緑が点灯。

腕木式信号機

ローカル線や昔の時代設定には欠かせない腕木式信号機もTOMIXからリリースされている。写真は場内・通過信号機。

腕木式信号機は腕木の上下動に連動して下のウェイトも本物のように動く動く。

フレキシブル線路について

フレキシブル線路の最大の特徴は、道床付き線路では組むことが難しい線路配置でも実現できる点です。また、道床部も自作になるので制約なく自由な形状にすることが可能です。

自在に曲げられるとても便利なもうひとつの線路

店頭で目にする機会は少ないかもしれませんが、道床付き線路と双対をなすのがフレキシブル線路です。名前のとおり自在に曲げられます。道床付き線路のような規格線路では作成が難しい複雑な曲線で構成されるレイアウトでも、フレキシブル線路ならパーフェクトに実現できるのが最大の特長です。

ただし特徴の裏返しになりますが、道床付き線路のようなフロアーレイアウトには不向きです。ボードに固定するレイアウトが前提になります。それと線路を切断したり、つないだりする加工作業が必ず伴います。また自在に曲がるので、直線部は添え木のような治具を使いながら固定しないと、逆に歪んでしまいます。特にレールの継ぎ目

フレキシブル線路を使い道床付きとは趣の異なる線路配置のレイアウト。

部分は脱線や通電不良のトラブルが起きやすい個所なので、慎重な加工とレイアウト製作中は何度も走行チェックを行うことが絶対条件です。

Attention

 フレキシブル線路の使い方

フレキシブル線路の使い方を簡単に説明すると、次のようになる。
1. 必要なレイアウト全長分の線路を用意。
2. レイアウトの線路配置に合わせ、線路をカット。
3. ベースボード上に線路を接続しながら固定して完成。

フレキシブル線路は直線の状態で販売されている。これを任意の線路配置に曲げ、カットしたりつないだりして使う。

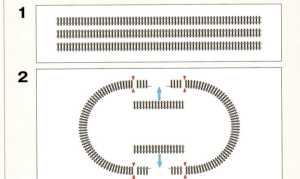

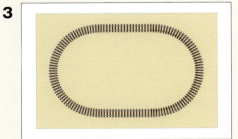

Lesson 4

知っておきたいNゲージの基礎知識／制御機器

制御機器の基礎知識というタイトルになっていますが、本書では線路との関連性が強く、かつ取り扱いの簡便さや操作性に配慮したKATOとTOMIXの制御機器に絞って紹介します。

使いやすさと高い信頼性を両立

制御機器のコード類の結線は、KATO と TOMIX ともに簡単、確実なコネクター式。結線におけるトラブルを解消し、使用時の信頼性、安定性を高めています。

制御機器には3つの基本的な機能がある

　制御機器が持つ機能の第1が車両の走行コントロール。これはNゲージ規格の直流0～12Vの電気を線路に送る、すなわち車両のモーターが受ける電気の極性を変えたり、電気量（電圧）を変えることで、車両の進行方向の設定、発車・速度調整・停止の制御を行なっています。第2が電動ポイントのコントロール。手元のレバー操作でポイントの切り換えが可能です。第3が踏切や信号機への作動用電気の給電です。

　そしてKATOやTOMIXの制御機器で、さらに高い評価ができるのはコード類の結線をすべてコネクター式、ワンタッチ式にしている点です。しかもコネクターの種類は用途別に異なる仕様なので、ユーザーは指定どおりに同じコネクターを接続するだけで結線作業は完了。この特徴を理解して使っているユーザーは少ないかもしれませんが、この方式にしたことで、接続部の通電不良や誤配線によるトラブルの心配はないに等しく、結線作業の簡略化とともに見落とせない優れた仕様です。だからこそビギナーでも安心して使えるのです。

　使うユーザー側からすれば、よいことずくめのように思うかもしれませんが、唯一の欠点はコネクター類の仕様や線路への接続部であるフィーダー構造が両社で異なること。これは結線の確実性を持たせるためであり、そのため自社製品との組み合わせが前提条件になっています。

　このような理由から、これから鉄道模型を始めようとする人が線路と制御機器の購入を考える際は、同じメーカーでそろえる方式を検討すべきでしょう。

入門用基本セットにも入っているKATOとTOMIXの普及版クラスの制御機器。結線箇所はすべてコネクター式。ビギナーには優しい設計である。

将来的な発展性に応える
高出力型制御機器

　入門用基本セットに付属している制御機器は一部の例外を除き、基本的にKATO、TOMIXともに普及版クラスの製品が付属しています。

　当面はこれでも機能的には十分ですが、複線での2列車同時運転を行なうためには、各々の列車をコントロールする別々の制御機器が必要になってきます。また室内灯のようなオプションを追加すると、編成全体の消費電流が増え、普及版クラスの制御機器ではパワー不足になることがあります。もし車両とは別に、将来的に建物照明などの計画もあるなら、これらへの電源としても使える出力容量の大きな制御機器が必要です。

　そのため両社から高出力の制御機器がラインナップされています。機能面では制御方式の違いなど細かな違いもありますが、買い足し、買い直しを考えるときは、将来的な発展性も視野に入れて検討してください。

KATOとTOMIXの高出力型制御機器。いずれもサイドや裏側に電動ポイントやアクセサリー用の給電端子が設けられている。

運転のリアルさを追求した制御機器
運転操作をワイヤレス方式にした制御機器

　通常の制御機器とは異なり、実車の運転台をイメージしたデザインの制御機器もあります。また外観だけでなく、操作に連動して模型の走行も実車に似せた動きになるような設計になっています。たとえば写真のワンハンドルマスコンタイプなら操作レバーを力走レンジにすると模型の列車は徐々に加速し始めます。レバーを中立に戻すと列車は惰行状態になります。レバーをブレーキレンジにすると徐々に減速します。

　なお制御機器は据置型タイプがほとんどですが、ワイヤレス方式の制御機器もあります。通常は据置型として使用。コントロール部分を本体から切り離せば、情景つきレイアウトで自分の好きなアングルに移動し、列車の走行シーンを眺めながら、列車の運転を楽しむことができます。

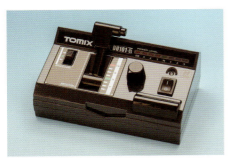 

TOMIXの実車の運転台を模した制御機器。惰行運転など、実車のような運転操作が可能。

TOMIXのワイヤレス方式の制御機器。ワイヤレス状態でも2個までのポイント操作も可能。

Lesson 5

知っておきたい Nゲージの基礎知識
建物（ストラクチャー）

鉄道模型では「ストラクチャー（structure）」という用語で説明されることも多い建物類。大きく分類すると駅などの鉄道施設関連と住宅、商店、ビルなど鉄道沿線の建物に分けられます。さらに時代的な区分もあり、仕様も完成品、キット式などさまざまです。

車両と同様 製品の種類は豊富

駅舎やプラットホームのような鉄道施設関係、そしてビル、住宅、商店のような鉄道沿線の建物など多種多様な製品が市販されています。大半が完成品仕様ですが、キット型式の製品もあります。

時代性、地域性など 特徴をとらえた製品群

レイアウトやジオラマを製作するときの最初の作業は、車両に合わせ、情景の時代や場面の検討と使う建物類の選定です。たとえば昭和の国鉄が全盛期のころをイメージするなら鉄道施設だけ見ても木の建造物が多かったはずです。当時の街並みや民家など、選定条件がいろいろあげられます。

現在市販されているNゲージ用ストラクチャーは、イメージした情景を限りなくイメージどおりに実現できるほどの製品がそろっています。時代性、地域性はもちろん、レイアウトのアクセントになるような、意外なストラクチャーも製品化されています。なお素材的には車両と同じくプラスチック製がほとんどであり、完成品でも比較的簡単に分解できる製品が多いので、塗装や改造でオリジナリティーを出すこともできます。

駅舎の事例（完成品）

レイアウトでの運転を考えれば、駅は不可欠な要素です。時代設定や駅の規模など、レイアウトの条件から選べます。

TOMIX

KATO

木造駅舎セット

地上駅舎

ニュー橋上駅舎

近郊型地上駅舎

橋上駅舎（近代型）

橋上駅舎

製品の使い方、応用例は
モデラーの作例も参考に

　ストラクチャーは、あくまでレイアウト製作用素材のひとつです。具体的にどのように使うかを考えるのは、あなた自身です。レイアウトの構想を練ることは、非常に楽しい作業ですが、初めてのころは難しいテーマでもあります。

　こんなときは本書のプロローグでも述べましたがモデラーの作例から製作意図を読みとり、ストラクチャーの使い方を学ぶ方法もあります。自分だけでは思い浮かばなかったようなアイデアがひらめくかもしれません。また第5章では何例か筆者の作品を紹介していますので参考にしてみてください。

都市の喧騒、躍動が伝わってきそうな光景。ストラクチャー個々の元味を活かしつつ、アレンジされた情景。2点とも夏目貴央さん作。

ローカル線、農村風景をフィーチャーした情景。日本の原風景を象徴するようなシーン。左は木村尚之さん作、右は高橋博さん作。

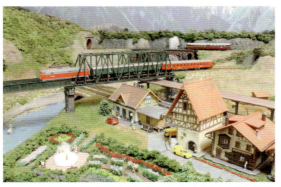 

ヨーロッパの風景が部屋のなかに広がる。レイアウトの題材は限りなくあることを教えてくれるような設定。2点とも清水康司さん作。

次ページに続く➡

線路規格がベースの製品には
メリットもデメリットもある

　TOMIXとKATOの駅舎やプラットホームは線路規格をベースに設計されています。プラットホームの長さは線路の長さが基準であり、島式ホームの幅は線路の複線間隔を基準にしています。また位置決めを行ないやすいよう、ホーム下端には張り出しリブがあり、道床部と接することで正確な取りつけ位置を決められます。
　そのため自社の線路を組み合わせて使う分に

相対式（対向式）ホームと島式ホーム

TOMIX、KATOとも主に中間駅に用いられる相対式（対向式）と島式のプラットホームをメインに製品化。

は簡単で便利ですが、他社と組み合わせる場合は、このことを頭にいれておかないと、車両とホームの接触トラブルもあるので注意を要します。

TOMIX、KATOの島式ホームの使い方

島式ホームを設置する場合、両社とも複線間隔を広げて設置します。具体的にはTOMIX37mm→55.5mm、KATO33mm→66mmのようになります。

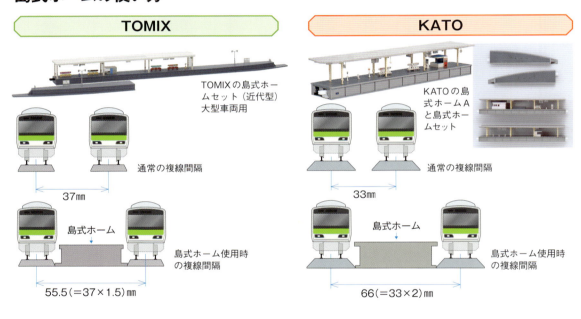

Attention
⚠ 曲線と直線の接続点での構築物の設置に注意

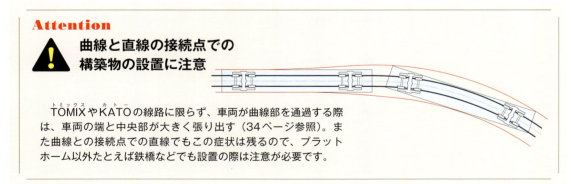

　TOMIXやKATOの線路に限らず、車両が曲線部を通過する際は、車両の端と中央部が大きく張り出す（34ページ参照）。また曲線との接続点での直線でもこの症状は残るので、プラットホーム以外たとえば鉄橋などでも設置の際は注意が必要です。

システム的な展開ができる製品仕様と構成

　たとえば駅の拡大やホームの拡張を行なうとき、新規に駅舎やプラットホームを購入することなく、最初に購入したプラットホームをそのまま利用し、買増しで駅の拡大ができれば、ユーザーにとっては、これほどありがたいことはありません。

　このような考え方で設計されている製品は多いので、購入時には事前に仕様をよく調べておくことをおすすめします。

TOMIX製品を使った単線の地上駅から複線の高架駅までの発展例

◆単線に橋上駅舎（近代）＋島式ホーム（近代）大型車両用を使って駅を作る

◆地上駅舎（近代）＋島式ホーム（近代）大型車両用をもうひと組用意して複線用に発展。橋上駅舎はふたつをつなぎあわせ大型の橋上駅舎ができる

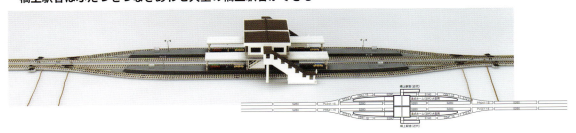

◆高架駅用の製品を新たに購入する必要がありますが、島式ホームはそのまま流用できる

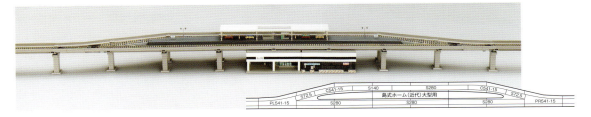

◆複線の高架駅。同じセットを２組、さらにホーム延長部も追加して大型の高架駅に発展

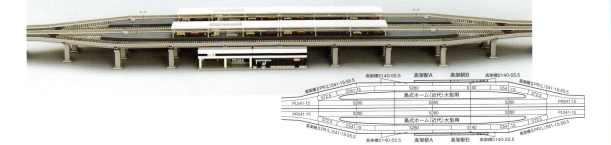

Lesson 6

知っておきたいNゲージの基礎知識／レイアウト関連用品

レイアウト製作に必要な部材を広義でレイアウト用品として紹介しますが、鉄道模型では情景をシーナリー（Scenery）と呼ぶことから、厳密には細かく分類して紹介される部材もあります。また小物類はアクセサリー（Accessory）の用語で扱われることも覚えておいてください。

レイアウト製作用の部材はほとんど製品化されている

プロトタイプ（実物）がある製品とない製品がある

　ここで紹介しているトンネルポータルや架線柱は、実物を参考にモデル化されています。車両は当然ながらの実車がありますが、レイアウト用品の中にもプロトタイプは存在します。

　一方、山や河川などはどうでしょうか。製作用の素材は製品としてありますが、富士山がプロトタイプ、信濃川がプロトタイプという言葉はあまり聞かないはずです。田園地帯を象徴する水田も現在は機械化にともない1区画1haが一般的になりつつあります。これをNゲージサイズにすると約53×83cmにもなり、模型としては現実的な大きさではありません。模型風にアレンジする知識、創作力、工作力などが必要となります。そのための一番の解決策は場数を踏むこと。何度もレイアウト製作にトライし、スキルアップを図ることです。本書の製作例を手始めに、経験値を高めてみてください。

レイアウト用の基盤や山などの地形の原形製作用の部材、そして人形のような演出用の小物までが製品化されています。Nゲージのレイアウト製作の環境は整っています。

■ ベースボード
レイアウトの基盤となるベースボード。台枠から自作する方法もあるが工作器具や工作力も必要。現在は何種かのベースボードが市販されているので、これを活用するのが便利。本書の製作例でも、これらを利用している。

■ トンネルポータル
鉄橋とともにトンネルもレイアウトでは取り入れたい要素。山の原形は自作になるがトンネルポータルは製品としてある。

CHECK
架線柱の応用例

　架線柱はTOMIXとKATOの両社から何種か製品化されています。これも各社の線路の複線間隔を基準に製品化されています。そのため複線以上の仕様ではピッチが合わない状態が起きます。ただし使い方しだいでは、なんとなく違和感なく馴染ませる方法もあります。要するに使い方しだいです。皆さんも工夫してみてください。

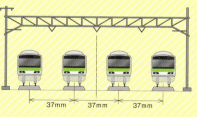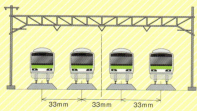

TOMIX用の架線柱は複線間隔37mmを基準に製品化されています。KATOは複線間隔が33mmなので基本的には使えませんが、図のような4線用でも中央ぞろえにすれば、らしく見せることができます。

小さなアクセサリーがリアリティを高める

　漁船、灯台、防波堤は海を連想させてくれます。使えるスペースに制限のあるレイアウトで広い海原を表現することは難しいですが、一角に、これらをアクセントとして置くだけで、海の広がりを表現できます。

　火の見やぐらはどうでしょう。地域は特定できませんが、少なくとも都会を連想させるアクセサリーではありません。このように人が持つ常識や記憶を利用したアクセサリーはあなたの想像力を掻き立てるはずです。

　人形のレイアウトにおける役割も大きいです。男女や年齢、服装やポーズの違いがある何体かを組み合わせることでストーリーが生まれます。人形たちが場面、場面を語ってくれます。人形はレイアウトの脇役と言われることもありますが、俳優でもあります。プロデューサーはもちろんあなた自身です。

■ 漁船・灯台・防波堤

小さな漁港を表現できる小物をまとめたセット。磯の香りもするくらいだ。

■ 人形

個々の説明は必要ないだろう。ポーズ、しぐさがすべてを表現してくれる（153ページ参照）。

■ 火の見やぐら

減りゆく日本の風景を代表する物のひとつ。レイアウトには残したい。

■ ミニカー

これも人形と同じく個々の説明は必要ないだろう。時代設定できる車種もある（153ページ参照）。

POINT

市販の製品以外の素材を活用する人工芝を使った田んぼの表現例

　田んぼも日本の田園風景には欠かせない情景のひとつです。起毛が細く、短い人工芝は夏の田んぼの表現に最適です。人工芝はホームセンターなどで小単位でも売られているので畦に合わせてカットして使います。

Column
Ｎゲージを運転してみよう

まだＮゲージに触れたことのない人は実際にＮゲージを手に取り、運転してみて、仕様や特徴を確認してみましょう。百聞は一見にしかず。実際にＮゲージに触れてみると、製品の仕様や特徴についての理解が深まるはずです。

入門用セットを活用する

入門用という言葉から、ビギナー向けをイメージされる人もいるかもしれませんが、セット中の製品は市販されている通常のＮゲージと同スペック。しかもバラでそろえるより格安。これを利用しない手はありません。

2パターンある入門用基本セット

現在、総合メーカーのKATO(カトー)とTOMIX(トミックス)から入門用基本セットが何種類か販売されています。なお入門用基本セットには、図のような2パターンあることを知っておいてください。

ひとつは車両・線路・制御機器の3要素でまとめたセット。もう一方は線路・制御機器だけのセットで、車両は自分で選ぶ方式です。車両も、このセットに合わせやすいよう、3〜4両編成で組んだ製品が何種かありますので、どうしても車種にこだわりたい人は、この方式をおすすめします。

なおメーカーによって各々の製品名は異なりますが、セット内容の構成の仕方は基本的に同じです。

Aパターン　車両・線路・制御機器の3要素で構成されたオールインワンのセット

基本3要素で構成されたセットです。KATOは『スターターセット』、TOMIXは『ベーシックセット』の製品名で販売されています。各社のカタログを見ると、かなり点数があるように見えますが、基本的には車両の種類が異なるだけで、線路や制御機器は、原則的に同一仕様。線路配置は小判型のエンドレス。普及版クラスの制御機器がついています。なお一部、線路の仕様が異なるセットもありますので購入の際は事前にチェックし、自分の好みや条件に合ったセットを選んでください。

TOMIX

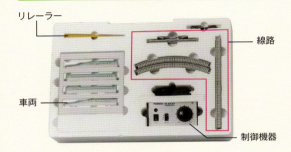

KATO

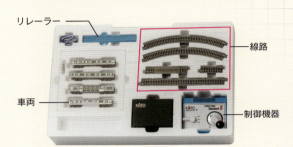

CHECK　両社ともに充実したラインナップ

左3点がTOMIX、右3点がKATOの製品例です。これら以外にも両社ともに車両違いのセットを数多くラインナップしています。またタイムリーな車両が入ったセットなどへ頻繁に仕様変更されるのも入門用セットの特徴です。

次ページに続く➡

Column

Bパターン 線路と制御機器のみのセット、車両は入っておらず 別に購入する方式

セット中に含まれるのは線路と制御機器のみ。車両は自分の好みで選ぶ方式です。KATOは『マスターセット』、TOMIXは『マイプラン』の製品名で販売されています。Aパターンの入門用基本セットでは自分の好みの車両がない人は、この方式で始めるのがよいでしょう。両社のカタログには、このセット用に3〜4両編成の車両セットのシリーズが紹介されているので、これらのセットから車両を選ぶ方法もあります。もちろん他社の車両でもOKです。

TOMIX

＋ 好みの車両

「TOMIX GUIDE」より

KATO

＋ 好みの車両

「KATO 始めようNゲージ」より

線路の組み立てから運転までの手順

KATO と TOMIX の入門用基本セットを事例に、線路の組み立てから運転の仕方を簡単に説明しておきます。セット購入前の予備知識としても活かせるはずです。

Action 1 ── 線路を組みフィーダー線を制御機器に接続

セット中の取扱説明書を参照しながら、線路を組みフィーダー線のコネクターを制御機器に接続します。

両社とも接続はコネクター式なので簡単。

Action 2 ── リレーラーを使って車両を線路上に乗せる

慣れてしまえば車両を手で線路上にのせるのは簡単ですが、最初はセット中に付属しているリレーラーを使った方が確実です。特に機関車のように車輪数の多い車両や新幹線のように車輪(台車)が車体の裾に隠れてしまう車両ではリレーラーは必需品です。

形状は違いますが使い方はまったく同じです。

リレーラー上に車両をのせ、すべらせるようにして線路にのせます。

Action 3 ── 制御機器を操作して列車を運転する

まず進行方向スイッチを操作して列車の走行方向を決めます。続いてスピードコントローラーを操作し、ゆっくりと速度を上げていきます。適度な速度でエンドレスを何周かしたら、減速、停止。次は進行方向を変えて同じような操作を行ないます。それと運転中に注目してほしいのが車両のヘッドライトやテールライト。現在、Nゲージ車両のほとんどがライトは点灯式です。ライトを煌々と照らしながらの目の前を走りすぎてゆく列車。鉄道模型の魅力を感じ取れる瞬間でもあります。

TOMIX

KATO

次ページに続く ➡

1 初めての鉄道模型レイアウト

Column

ポイントを加えて
運転の楽しさをレベルアップ

入門用セットの線路配置は小判型です。そのため列車の運転は、ここを周回するので、単調になりがちです。ポイントを加えると運転の楽しさは格段にアップします。

待避線と引き込み線をプラスした運転のバリエーション

小判型のエンドレスに、ポイントを使って待避線と引き込み線（図の灰色の個所）を追加。列車も1本から3本に増やした運転例を紹介します。

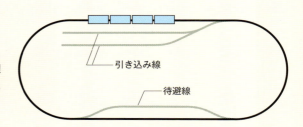

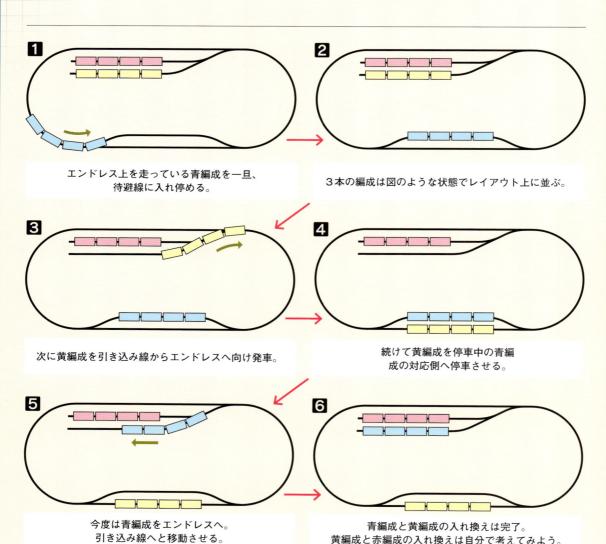

1 エンドレス上を走っている青編成を一旦、待避線に入れ停める。

2 3本の編成は図のような状態でレイアウト上に並ぶ。

3 次に黄編成を引き込み線からエンドレスへ向け発車。

4 続けて黄編成を停車中の青編成の対応側へ停車させる。

5 今度は青編成をエンドレスへ。引き込み線へと移動させる。

6 青編成と黄編成の入れ換えは完了。黄編成と赤編成の入れ換えは自分で考えてみよう。

第2章

初めてでもできるレイアウト製作Ⅰ

初めてレイアウトを作ろうとするとき何から手をつけたらいいのかわからないことがほとんどではないでしょうか。そんな人にはこの章で紹介するモジュールレイアウトにチャレンジすることをおすすめいたします。情景作りの工作が経験できて、なおかつ情景の鑑賞や運転の楽しみも味わえるモジュールレイアウトを、プランニングから各工作までを行程順に紹介しています。

川の流れる情景
900×300㎜モジュールレイアウト

「全国高校生鉄道模型コンテスト」の規格に準拠して製作した900×300㎜のモジュールレイアウトです。中央部を川が流れ、それを渡るトラス橋+ガーダー橋からなる鉄橋が見どころです。

情景でまず注目したいのは人形。それぞれの存在意義を確認しながら見ていくと物語が読めてくる。すれ違うのは小田急ロマンスカーVSEと南海ラピート。こんな車両が出会うのも鉄道模型ならではの楽しみ。

❶鉄橋ですれ違うのはJR西日本の特急「はるか」とJR東日本の特急「しらゆき」。木のわきにいる親子はドライブで立ち寄ったのだろうか。子どもたちの歓声が聞こえてくるようだ。❷鉄橋の下には釣り人が。初夏、アユでも狙っていそうだ。水の流れや草の様子などにも注目したい。❸川に設置された魚道付きの堰堤も見どころのひとつ。鉄橋を渡ってくるのはJR東日本のオール二階建て電車215系だ。

色とりどりの車両たちが
情景の中をのびのびと
走っていく

踏切を通過していく近鉄特急。黄色い車体が情景の中で良く映える。この道路は川の土手上に作られたという想定。緩やかなカーブを描いて線路と交差している。道路は未舗装で、さまざまな草素材を使い、夏草で被われた雰囲気を演出している。

① ②

❶ここでは鉄橋を支える橋台と周辺の護岸が見どころ。鉄橋は架け替えられているが、橋台は明治時代のレンガ造りという想定。護岸は単純に地面むき出しとせず、石垣などで変化を付けている。❷トンネル内から鉄橋側を見たところ。テールライトが旅情を誘う。

裏面

真上

レイアウトの全景を見る

左サイド

右サイド

真上からレイアウトを眺めると、その構成がよくわかる。線路は複線で敷設されているが、トラス橋同士のアタリを避けるため、中央部の線路間隔をやや広げている。これは線路接続部の遊びを利用して調整した。山の植林は裾野から中腹まで行ない、山頂部は草原のまま。これにより山頂部は遠景として演出され、より広い情景に見えてくる。

正面

2 初めてでもできるレイアウト製作Ⅰ

Step 1 モジュールレイアウトの作り方

初めてレイアウトを作るとき、どこから手をつければいいか悩んでしまいます。これは誰もが通る道。ましてや大きなレイアウトともなれば、作業のイメージすらわきません。ここでおすすめしたいのは、まずは習作として小さなものを作り、レイアウトの工作に慣れることです。

習作向きの小型レイアウト

情景鑑賞はもちろんのこと 連結して運転も楽しめる

手軽な習作としては小さなジオラマも考えられますが、鉄道模型は運転することにも楽しみがあります。ここでは情景作りの工作が経験でき、なおかつ鑑賞や運転の楽しさも得られるモジュールレイアウトを作ってみましょう。

モジュールレイアウトは、600×300㎜、あるいは900×300㎜ぐらいの大きさで作ったいくつかのモジュールを連結してひとつのレイアウトとするものです。各モジュールの大きさや線路位置を一定の規格としておけば自由に連結することができます。ひとりで複数のモジュールを製作する人もいますし、仲間と競作、広い会場に持ち込んで連結して運転を楽しむこともできます。また、ひとつのモジュールを車両展示台として楽しむこともできます。きれいに仕上げれば、部屋のインテリアとして楽しむこともできるでしょう。

また、このサイズなら工作や完成後の収納も楽

「全国高校生鉄道模型コンテスト」の規格に合わせ 900×300 ㎜のスペースに作ったモジュールレイアウト。こんなサイズでも鑑賞と運転の両方を楽しむことができる。

です。これが習作としてモジュールレイアウトをおすすめする理由です。

まずはどんな情景に仕上げるか、モチーフとしたい素材を集めていきましょう。作例では右ページのような写真を見ながらイメージを膨らませて行きました。

▼レイアウト製作の一般的な流れ

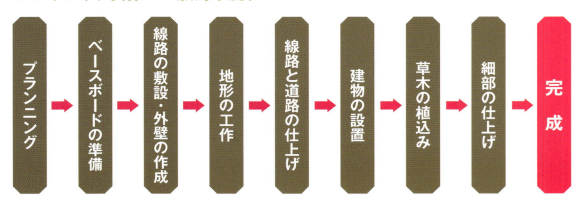

プランニング → ベースボードの準備 → 線路の敷設・外壁の作成 → 地形の工作 → 線路と道路の仕上げ → 建物の設置 → 草木の植込み → 細部の仕上げ → 完成

▶ 情景のモチーフ

市販されているレイアウトボードの例（モジュールレイアウト向け）

KATO製の「モジュールパネル40/900」。大きさは900×300mm。厚さ40mmの普及版。

TOMIX製の「コンビネーションボードA」。大きさは600×300mm。ゴム脚も付属。

KATO「モジュールパネル40/コーナー」。大きさは600×600mm、写真は厚さ40mmの普及版だが、100mm厚もある。

TOMIX製の「コンビネーションボードB」。大きさは450×450mm。河川の切り込みもついている。

　モジュールレイアウトを作る際、最初に決めなければならないのは、その規格です。自分でオリジナルのものを設計しても構いませんが、モジュールレイアウトとして使いやすい市販のレイアウトボードを利用する方法もあります。これなら線路の接続位置だけ決めておけばよいのです。また、木工が苦手な人もすぐに工作を始められます。
　作例は「全国高校生鉄道模型コンテスト」の規格に準拠する形で作りました。このうちの「直線モジュール」（71ページ参照）ならKATOから発売されている「モジュールパネル900」がそのまま使えます。

Step Up
モジュールレイアウトの規格

モジュールレイアウトは一定の規格で製作したモジュールを連結して楽しむ方法です。規格は集まるグループで定めればよく、こうしなければならないという共通規格はありません。ここでは「全国高校生鉄道模型コンテスト」の規格を例に説明しましょう。

「全国高校生鉄道模型コンテスト」の規格

2009年から始まった「全国高校生鉄道模型コンテスト」では900×300mmなど規格に準拠して作る「モジュール部門」があります。

線路メーカー別に直線とコーナーを設定

「全国高校生鉄道模型コンテスト」のモジュール規格は、まず使用する線路メーカーによってふたつに分けられています。KATOのユニトラック線路を使う「モジュール規格K」、TOMIXのファイントラックを使う「モジュール規格T」です。ちなみにファイントラックとは、TOMIXの新方式の線路シリーズで、旧製品よりも外観上や構造も改良されているのが特徴です。旧製品との互換性もありますが、現在発売の線路はすべてファイントラックとなっています。

線路メーカーによってモジュールの規格が分けられているのは、線路のシステムがKATOとTOMIXで異なるからです（38ページ参照）。例えば複線の線路間隔はKATOが33mmなのに対してTOMIXは37mmとなっており、用意されている曲線半径も異なります。こうした状況に対応するため、ふたつの規格が用意されているのです。

CHECK
線路やモジュールの接続について

モジュールレイアウトでは、モジュール同士の連結、そして線路同士の連結も考えておかねばなりません。「全国高校生鉄道模型コンテスト」の場合、連結する期間が短時間ということもあり、モジュールは単純に並べるだけ。線路は連結面に長さの調整ができる特殊な線路（KATO スライド線路、TOMIX バリアブルレール）をはめこむことで行なっています。この線路の構造から各モジュールの線路余白サイズも決まっています。なお、「全国高校生鉄道模型コンテスト」以外のモジュールグループでのモジュール連結は、特殊な構造を考案しているところもありますが、台枠下からCクランプまたはボルトで締めつける方法が多いようです。

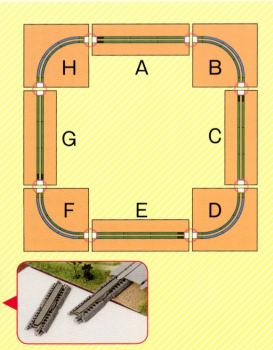

モジュールレイアウトの規格例

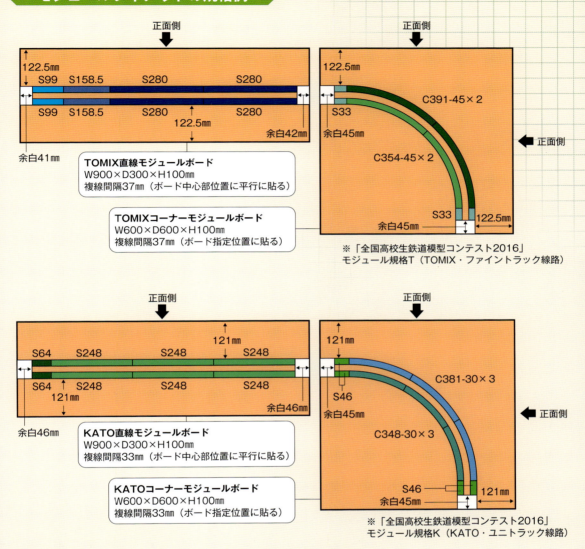

モジュールそのものは、直線部を構成する「直線モジュール」と、線路が90度方向を変える「コーナーモジュール」の2つがあります。サイズは上図のようにそれぞれ1パターンずつ用意されています。ここでは情景を楽しむ正面位置も定められており、コーナーモジュールは現在のところ、必ず曲線の外側が正面となります。そのため、「全国高校生鉄道模型コンテスト」のモジュールでエンドレスを組む場合、左ページのように必ず矩形になります。

なお、「全国高校生鉄道模型コンテスト」以外のモジュールグループでは、直線モジュールの長さをいくつか定めたり、またコーナーモジュールの向きも自由に設定するところもあり、ここでは凹の字、あるいは凸の字形に組み上げて変化をつけているところもあります。全国から作品の集まる「全国高校生鉄道模型コンテスト」ではよりシンプルな規格として混乱を避けているようです。

Step 2 プランニング

Nゲージのレイアウトを作る場合、線路はKATOやTOMIXから発売されている道床付き製品の利用がおすすめです。道床付き線路の場合、確実な運転性能を確保するだけでなく、仮組みしながら線路配置を検討、レイアウトプランを現寸で試行錯誤しながら考えていけるのです。

材料を用意する

原寸でプランを練るために最低限必要なのは、レイアウトの大きさを把握するためのレイアウトボード、そして線路です。線路は長さや本数などの予想がつかないこともありますが、複線情景を作るなら最低2本は用意しましょう。

イメージに合わせて鉄橋などもそろえよう

どんなレイアウトに仕上げたいのか、自分でもイメージをつかみ切れていないことも多いでしょう。プランニングはそうしたイメージを固めていく工程です。ベースボードや線路以外にも使いたいと思うものがあったら、どんどん集めていきましょう。例えば鉄橋ひとつでも夢がふくらんでいきます。

写真で紹介した線路や鉄橋だけでなく、走らせたい車両も用意するといい。

レイアウト製作に向けて集めたもの。写真では地面などの表現に使う塗料なども紹介している。

線路を並べてイメージを作る

ベースボードの上に線路を仮組みして作りたい情景のイメージをまとめて行きましょう。線路配置が決まったら、さらに地形の状態も考えていきます。起伏はバスタオルなどを利用すると、具体的にイメージしやすいです。

作例では鉄橋配置が大きなポイント

作例は「全国高校生鉄道模型コンテスト」の規格に準拠して、複線線路をベースボードの中央部に、しかもボードの長辺と並行に設置しています。単純に複線線路だけでも作れる情景はたくさんありますが、ここでは鉄橋をあしらうことにしました。また、線路の路盤の高さも先述の規格で決まっています。その高さに合わせた厚みのベースボードもありますが、ここでは規格より薄いものを用意しました。厚みの薄い分、路盤面より下の地形も作れるのです。

1

鉄橋の位置から検討開始
鉄橋は単線のトラス橋をメインとして、これを2本並べて配置することにした。まずはレイアウトで川をイメージした場所に鉄橋を置く。

LINK ▶ p38 道床付き線路

2

鉄橋をずらしてみる
単線トラス橋はきちんと並べるより、ずらした方が変化がつく。これにより川の流れも斜めに設定できる。ボードと並行にならない部分を織りこむのがレイアウト設計のコツだ。

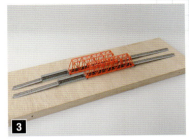

3

線路配置を確定
作例では単線トラス橋だけでなくガーダー橋も組み込むことにした。橋の配置をずらすため、端数線路を使って位置調整を行なっている。

4

線路の高さも検討しよう
先述のように作例は路盤下の地形も作るため、路盤の位置をベースボードより上げることになる。作例で使った製品の場合、ボードから60mm上げる。

5

地形はタオルでイメージ
地形の形状はそのままではイメージしにくいが、バスタオルなどを置いて起伏を表現すると見えてくる。作例はよりわかりやすい茶色のタオルを使って山を表現。

6

水辺もイメージを作ろう
作例では鉄橋が見せ場となり、川の位置関係も重要だ。これも青い紙などを置いてやればイメージしやすい。現寸で具体的にイメージをまとめて行く。

7

斜めから全景だけでなく、真上、さらに4方向の真横を撮っておくと役立つ。

イメージを記録する
できあがったイメージを記録しておく。本来なら設計図として記録しておくべきだが、この程度のレイアウトならさまざまな方向から写真を撮っておけば、十分役立つはずだ。

▼POINT

鉄橋の種類はいろいろある

　鉄橋（鋼材で作られた橋梁のこと。詳しくは82ページ参照）は、設置される地形や用途によってさまざまなタイプが使いわけられています。作例でメインにしたのはトラス橋です。線路が構造物の下側を抜けているため、下路式トラス橋とも呼ばれます。たくさんの鋼材が複雑に組まれ、構造だけでも魅力的に見えるのでレイアウトやジオラマでは出番の多いタイプです。実物の場合、ガーダー橋との組み合わせで使うことも多く、作例に取りいれてみました。

阪神なんば線の淀川橋梁。川の中央部はトラス橋、岸寄りはガーダー橋の組み合わせとなっている。

次ページに続く➡

プランの詳細を
チェックしてみよう！

このモジュールレイアウトは「全国高校生鉄道模型コンテスト」の規格に準拠して作ったものです。線路は直線で、しかもレイアウトの縁と並行に配置されています。そこで川を斜めに配置することで奥行きと動きを演出してみました。

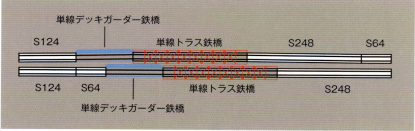

KATO製線路を使用した規格に準拠

「全国高校生鉄道模型コンテスト」の規格はKATO製線路、TOMIX製線路に合わせて2通り用意されている。作例はKATO製線路の規格に合わせて製作、線路部品はすべてKATOの製品を使用している。

トラス橋とガーダー橋を連結
雄大な「鉄橋」を演出した

　作例の基本テーマは「鉄橋」としました。中央にトラス橋が架かっていますが、それにつなげてガーダー橋もあしらい、より雄大な情景になるよう変化をつけています。また、川をレイアウトボードに対して斜めに通すため、鉄橋は複線ではなく単線構造のものとして、位置をずらして取りつけました。右ページに示したS64という64mm長の直線線路は、この調整のために使ったものです。

　実はここで予想しなかった問題にぶつかりました。作例はKATO製の線路を使っていますが、この単線用トラス橋は同社の標準複線間隔である33mmで使用する形状には作られていません。トラス構造同士、当たってしまうのです。複線のトラス橋は別に発売されているのですが、ここではどうしても単線用トラス橋を並べて使いたかった

LINK ▶ p70「全国高校生鉄道模型コンテスト」の規格

◆このレイアウトに使った主な材料

※2016年9月調べ

品　名	メーカー名	個数	単価(税込)	合計(税込)	備考
●線路関係					
直線線路S 248	KATO	1	¥778	¥778	4本入り(2本使用)
〃　　 S 124	KATO	1	¥648	¥648	4本入り(2本使用)
〃　　 S 64	KATO	1	¥281	¥281	2本入り
単線トラス鉄橋(S248T)	KATO	2	¥1,080	¥2,160	
単線デッキガーダー鉄橋(S124T)	KATO	2	¥864	¥1,728	
橋脚№5	KATO	1	¥540	¥540	5本入り
●台枠関係					
モジュールパネル 24-011	KATO	1	¥2,700	¥2,700	900×300mmサイズ
30mm厚発泡スチロール板(スタイロフォーム)		2	¥1,000	¥2,000	900×300mmサイズ
3mm厚ベニア板		1	¥658	¥658	900×600mmサイズ
外壁仕上げ用塗料		1	¥463	¥463	
●地形素材関係					
ペーパータオル		1	¥300	¥300	
シーナリーペーパー(砂目タイプ)	KATO	1	¥810	¥810	
バラスト(細目)	KATO	1	¥756	¥756	
●建物関係					
トンネルポータル(複線電化)	グリーンマックス	1	¥648	¥648	
三灯式信号機	津川洋行	1	¥540	¥540	
複線架線柱	KATO	1	¥486	¥486	
線路際標識	津川洋行	1	¥540	¥540	
無人踏切	津川洋行	1	¥648	¥648	
擁壁素材	グリーンマックス	2	¥216	¥432	
●樹木・草関係					
樹木キット広葉樹(小)	KATO	1	¥2,808	¥2,808	36本入り
樹木キット広葉樹(中)	KATO	1	¥2,808	¥2,808	14本入り
カラーパウダー(各色)	津川洋行ほか	5	¥270	¥1,350	
ターフ(各色)	KATO	3	¥648	¥1,944	
コースターフ(各色)	KATO	3	¥648	¥1,944	
フォーリッジ(各色)	KATO	2	¥756	¥1,512	
ライケン(各色)	KATO	1	¥1,728	¥1,728	
シサル麻		1	¥400	¥400	アートフラワー用品
●水関係					
グレイペイント　アクアシリーズ	ターナー	1	¥432	¥432	
アクリル塗料(各色)	リキテックス	3	¥400	¥1,199	
合　計				¥33,241	

2　初めてでもできるレイアウト製作Ⅰ

ので、この部分の線路間隔を35mmまで拡大してあります。しかし、レイアウト両端の線路間隔は規格に準拠させるため33mmとしました。これは間に曲線線路を入れて調整したわけではありません。線路接合部の"遊び"を活かし、微妙にカーブさせているのです。モデラーの間では「馴染ませ」とも呼ばれるテクニックです。線路が外れるほど曲げることはできませんが、数ミリの調整なら可能で、運転上も差支えがありません。これはKATOの線路だけなく、TOMIXなど他社の線路でも可能です。非常手段のひとつですが、レイアウト製作には有効なテクニックです。

Step 3

地形の基礎工作①

プランに合わせて線路を敷設する路盤および地形の基礎を作っていきます。これらの作業は鉄橋やトンネルなどの構造物とも関わりが出てきますので、それぞれ適当なタイミングで工作します。工作の順番は路盤まわり、路盤面より低い地形、路盤面より高い地形の順が一般的です。

線路配置や地形をベースボードに描く

工作の基本となるので正確に描いていく

まずは基本となる線路配置から決めていきましょう。作例は「全国高校生鉄道模型コンテスト」の規格に準拠させているので、線路の位置はそれに従って記します。なお、作例はKATOの道床付き線路を使っているため、線路間隔は33mmとなります。また、線路の両端はほかのモジュールと連結させるため、端面から46mm離して敷設することになります。

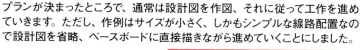

ベースボードは製品利用
900×300mmのベースボードはKATOから「モジュールパネル」として発売。厚みは100mmと40mmの2種があり、作例は40mmを使用した。

1

2

地形も描いていく
線路配置を描いたら、さらに地形のイメージも描きこんでいく。

まず線路配置を描く
「全国高校生鉄道模型コンテスト」の規格に従い、線路配置を描く。複線の中心線も描いておくと後の作業に便利だ。

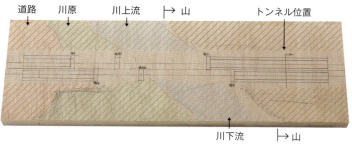

道路　川原　川上流　→山　　トンネル位置

川下流　→山

3

ベースボードへの記入が完成
ベースボードに線路や地形の様子を描き終わったところ。今回はこれが設計図がわりになるが、工作が進むにつれて見えなくなってしまう部分もある。この状態で写真に撮っておくと便利だ。

LINK ▶ p70「全国高校生鉄道模型コンテスト」の規格

線路面より下の地形作り

レイアウト工作の手順は、一般的に線路を敷く路盤面を作り、続いて路盤面より下の地形へと進めていきます。作例では路盤面と路盤面下の地形を一体に作る方が合理的と判断、一体の構造としました。

地形は等高線をイメージして作る

路盤はベニヤ板などで作ることもありますが、作例は軽量で工作もしやすい発泡スチロール（スタイロフォーム）としました。板状になったものを使えば、ベースボードに対して傾きのないしっかりした路盤が作れます。また、貼り重ねることで厚みを調整、地形の表現もできます。発泡スチロールを加工するときは、直に作業せず、一度型紙で形や大きさを確認するのがコツです。

型紙で形や大きさを確認しながら作る
素材の加工前に型紙に作るのは面倒だが、形や大きさの確認ができ、失敗を避けることになる。さまざまなシーンで型紙を活用していきたい。

▼ 型紙を作ろう

型紙はハサミで切りやすい適度な厚みの紙であれば、どんなものでも構いません。新聞紙や包装紙など身近にある紙を利用してください。

1 型紙のサイズを調整
写真はレイアウト左半分の型紙を作るところ。まず紙をベースボードのサイズに合わせて切り出す。写真では手前、左、奥のラインが合わせた辺となっている。

2 型紙の形を描く
写真は川の縁をサインペンで描いているところ。ベースボードに記されたラインを確認しながら、少しずつ描いていく。

3 型紙を成形する
描いたラインに沿ってハサミなどで切り、型紙を成形。できあがったら上写真のようにベースボードに当てて形や大きさを確認。失敗したらやり直しもきく。

CHECK

実物の川を観察しながらイメージを組み立てよう

一口に川といっても源流部から河口部までその表情はさまざまです。また川の中に堰堤などの構造物が作られているところもあります。流れの様子、色調、そして構造物などを観察しながら、表現する川のイメージを固めていきましょう。

左写真は上流部で見つけた小さな砂防堰堤。堰堤下の流れ込みは白く泡立っている。右写真は中流部で見付けた堰堤。堰堤の形もいろいろある。

次ページに続く➡

▼ 発泡スチロールを加工する

発泡スチロールは板状のものがホームセンターなどで売られています。ここでは家屋用断熱材のスタイロフォームを使いました。

1 型紙を仮止め
成形し終えた型紙を発泡スチロール（ここではスタイロフォーム）に貼る。両面テープで貼るのが確実だが、マスキングテープなどで簡単に止めても十分実用になる。

2 発泡スチロールを成形する
型紙に合わせて発泡スチロールを成形していく。発泡スチロールはカッターナイフなどでも簡単に切れるが、専用の工具（下のコラム参照）を使うのがおすすめだ。

アゴがぶつかったら一旦戻って三角に切り取る。この繰り返しで進めていく。
アゴの長さ

3 長いラインを切る工夫
写真の発泡スチロール切断工具は、アゴの長さによる制約で切断できる距離に限界がある。そんなときは切断面を拡げていけば、奥まで切ることができる。

4 2枚目も成形していく
2枚目の発泡スチロールも同様に加工。最初に切り出した発泡スチロールを重ねて作業するとイメージしやすい。

5 切断面は垂直・斜めを使い分け
2枚目の発泡スチロールも切り抜いたところ。切断面は仕上りの地形を考え垂直あるいは斜めに。追加成形もできる。余ったスチロールは山で使う（p90）。

Attention
発泡スチロールを切るための便利な道具

発泡スチロールは熱によって簡単に溶けてしまいます。この性質を利用した発泡スチロールを切断する工具があります。「発泡スチロールカッター」「スチロールカッター」など商品名はいろいろありますが、いずれも弓状のアゴにニクロム線を張ったものです。家庭用電源を使うものだけでなく、電池式の製品もあります。ホームセンターや模型店、手芸店などで取り扱い、価格は1,000円前後から。

発泡スチロール切断の要となるニクロム線は使用していくうちに劣化、折れてしまうこともしばしばある。必ず予備のニクロム線を用意する。

▼ 発泡スチロールを取りつける

発泡スチロールには専用の接着剤も販売されていますが、手軽な木工用接着剤で十分です。接着力もとても強力です。

1 成形を終えた発泡スチロール
発泡スチロールの成形を終えたら、接着前にベースボードに当て形や大きさを確認。不都合なところはここで修正。

2 両面テープを併用
発泡スチロールの取りつけには両面テープを併用。接着剤固着までの仮止めになるばかりか、作業時間短縮にもなる。

3 木工用接着剤を塗る
発泡スチロールに木工用接着剤を塗る。スタイロフォームの細かい目に浸み込みがちなので、やや多めに塗ろう。

⊕ 接着剤の量が少なければ追加、多過ぎた時はヘラで拭い取り、均等に延ばす。

4 木工用接着剤を延ばす
ヘラなどで木工用接着剤をできるだけ均等に延ばす。ヘラは木片などを代用してもよい。

5 発泡スチロールを圧着
所定の位置に圧着。両面テープがあるので、ずれにくい。位置修整する際は一旦剥がしてから行なうとよい。

6 路盤下地形が完了
発泡スチロールを接着、路盤下の地形基盤ができあがった。路盤は発泡スチロールの面をそのまま使うことになる。

▶ OINT

発泡スチロールの接着は溶かさないよう注意が必要

　発泡スチロールは、軽量で扱いやすい素材ですが、シンナーなどの溶剤に触れると溶けてしまいます。そのため、発泡スチロールの接着や塗装にはこうした溶剤を含んでいないものを選ばねばなりません。接着剤の場合、専用の発泡スチロール用がおすすめですが、木工用接着剤もほとんど腐食しないため、利用が可能です。

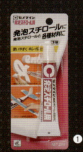

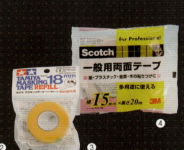

❶発泡スチロール用接着剤。なお、木工用接着剤を使用するときは、乾燥が遅いので❷竹串、❸粘着テープ、❹両面粘着テープなどを補助的に使うとよい。

Step 4 化粧板の取りつけ

レイアウトの地形をベースボードより立ち上げると、地形の端面が出てしまいます。発泡スチロールなどがむき出しになっていると見た目も悪いので、化粧板で覆うことをおすすめします。これにより地形も壊れにくくなるので、この段階で取りつけてしまいましょう。

地形に合わせた化粧板を取りつける

化粧板は仕上りの地形を想定して作ります。ここでも型紙を使い、山の形状などを何度も検討しながら工作を進めていきます。型紙で納得できる形状ができあがったら、それに合わせて化粧板を成形します。

化粧板は薄手のベニヤ板を使用

化粧板の素材に決まりはありませんが、強度があり工作もしやすいことから、作例では薄手のベニヤ板を使いました。3mm以下の厚みなら、カッターナイフで切り抜くことも可能です。表面の塗装はレイアウト工作が完全に終わったところで行ないます。

加工を終えた化粧板
レイアウトの仕上り地形を想定して成形したベニヤ板製の化粧板。コーナー部の処理は仕上げ寸法にも関わるので、よく検討しておくこと。

▼ 地形をイメージしながら型紙を作る

化粧板の形状で地形の端面が決まってしまいます。型紙を使い、イメージを十分に確認します。

1 この型紙は厚手のものが便利
化粧板の型紙はレイアウトの端に立てて作業する。やや厚手の紙がおすすめ。

2 山の稜線は想像で描いていく
稜線部は仕上がりをイメージしながら描く。描き終わったら眺めて確認する。

3 型紙が完成
型紙を切り抜き、イメージを確認。その後、型紙に合わせてベニヤ板を成形。

▼ 型紙に合わせてベニヤ板を成形

ベニヤ板はメーカーによっても差があるようですが、作例は2.5mm厚のものを使用しました。

1 カッターナイフで成形
ベニヤ板に型紙を貼りつけ、それに合わせて大型カッターナイフで切り抜く。

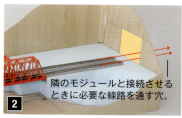

2 線路が通る穴をあける
接続部は化粧板を突きぬけ、線路を敷設することになる。型紙段階で位置を検討。

穴のサイズは接続作業のことを考え、やや大きめに作っておくといい。

3 穴あけもカッターナイフで
穴をくり抜くときはスチール定規をあてて大型カッターナイフで作業。

▼ 化粧板を取りつける

化粧板はベニヤ板で作ったため、ベースボードへの取りつけは木工用接着剤が便利です。釘も併用してしっかり固定します。

1 木工用接着剤を塗る
ベースボードおよび発泡スチロール部に木工用接着剤を塗る。

2 木工用接着剤を延ばす
ヘラなどで木工用接着剤を均等に延ばす。ヘラは木片などを代用してもいい。

コーナー部は突き合せて接着。コーナー位置は下記コラムを参照のこと。

3 化粧板を接着
化粧板はコーナー部から合わせていくと位置決めしやすい。最初は化粧板を浮かせ気味に当てて位置を確認、位置が決まったら圧着する。

4 釘止めも併用する
化粧板の取りつけは木工用接着剤だけでも問題ないが、釘を併用すると接着剤固着時のずれを避けられ、なおかつ強度も増す。

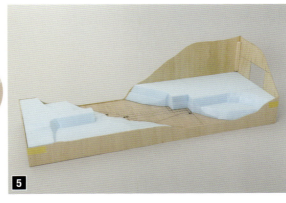

5 化粧板の取りつけ完了
化粧板の取りつけを終えたところ。地形の基盤は路盤より下の部分が完成した状態。路盤より上の部分は、化粧板を活用しながら作りこんでいく。コーナー部には補強のために角材を取りつけた。

▶ POINT

化粧版の取りつけ位置は規格に準拠して決める

通常、化粧版はレイアウトボードを囲むように取りつけます。この方が接着面も強度が出て、しっかりとした構造になります。この作例は「全国高校生鉄道模型コンテスト」の規格に合わせて製作しており、特に線路を接続する長手方向は900mmに仕上げなければなりません。そのため、この化粧板は基盤の長手と同じ長さにしました。

発泡スチロールも化粧板の厚さを考慮して位置決めすること。

レイアウトボード

ピンクのこちらの板はレイアウトボードの外側に貼れない

長手

900mm面はレイアウトボードの外側、300mm面はボードと同じ長さに取りつけ。

2 初めてでもできるレイアウト製作I

Step 5 鉄橋

鉄橋は鉄道の中でも魅力的な構造物のひとつです。レイアウトに取り入れることで情景に変化を与え、大きな見どころとなります。「鉄橋」は、正確には「橋梁(きょうりょう)」の一種で「鉄で作られた橋」という限定的な名称ですが、一般には橋梁と同義の総称的な名称としても通用しています。

材料を用意する

鉄橋そのものを自作することも可能ですが、今では多くのメーカーからさまざまな形態の製品が発売されているので、それを利用してみました。作例ではKATO製の線路を使っているため、鉄橋も同社の製品から選んでいます。

鉄橋設置には橋台(きょうだい)が必要

レイアウトに鉄橋を架けようとするなら、ある程度、実物の鉄橋の構造を知っておくといいでしょう。それを表現することで、リアルな鉄橋として演出できます。鉄橋は桁(けた)と呼ばれる構造物を両端の橋台で支えています。また、桁が複数に連なる場合、その途中は橋脚(きょうきゃく)で支えます。この桁の構造によってトラス橋、ガーダー橋、アーチ橋などの種類にわけられます。

鉄橋構造を検討する!!

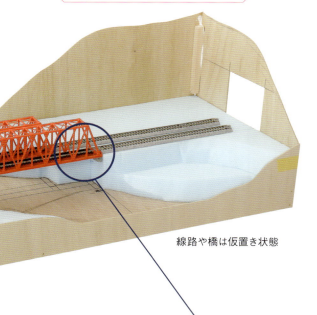

線路や橋は仮置き状態

ガーダー橋の橋台部

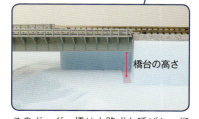

このガーダー橋は上路式と呼ばれ、桁は線路の下にある。仮設置して橋台の高さを検討する。

トラス橋とガーダー橋の接続部

トラス橋とガーダー橋の接続部は橋脚で支える。橋脚は製品利用だが、作例には高さが足らないので不足分を検討。

トラス橋の橋台部

これは下路式と呼ばれ、線路はトラス構造の中を通る。やはり仮設置して橋台の高さを検討する。

LINK ≫ p166 橋梁

▼ 橋台と橋脚の大きさを決める

鉄橋やそれに続く線路を仮設置して、橋台や橋脚の大きさを検討します。橋台の厚みは実物写真などから10mmとしました。

1 桁下の寸法を測る
鉄橋を仮設置した上で基盤となる部分から桁下までの寸法を計測する。写真はトラス橋の橋台部だが、橋脚部、さらにガーダー橋の橋台部も計測していく。

2 橋台は発泡スチロール
作例の橋台は発泡スチロール（スタイロフォーム）を芯材として製作することにした。計測した寸法に合わせて材料をカッターナイフで成形していく。

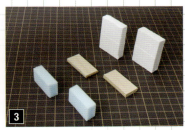

3 成形を終えた橋台芯材など
橋台の厚みは先述のように10mmとしたが、幅は桁とのバランスを見ながら調整して30mmとしている。橋脚の高さ不足分はベニヤ板で嵩上げする。

➕ 橋台は高さだけでなく、見た目のバランスも重要。必要があればここで修正。

4 橋台芯材などを仮置きして大きさを確認
橋台の芯材、橋脚を嵩上げするベニヤ板を所定の位置に仮置きしてサイズを確認する。桁が沈んだり、浮いたりしていないか線路に定規をあててチェックする。

▼ 橋台を仕上げる

発泡スチロール（スタイロフォーム）の橋台には、石積みやレンガ積みを模した素材を貼り付けて仕上げます。

1 レンガ積み素材を切り出す
作例ではレンガ積み素材を使用。実物の場合、明治～大正期に造られた橋台に多く見られる。橋台だけ当時のものを使っていることもある。

2 芯材にレンガ積み素材を貼る
発泡スチロールの芯材にレンガ積み素材を貼る。接着は発泡スチロール用接着剤がおすすめ。ゴム系接着剤だと発泡スチロールが溶けてしまうので注意。

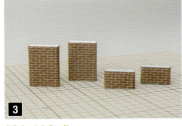

3 橋台が完成
レンガ積みの橋台が完成。実物の橋台は、レンガ積みのほか、石積みやコンクリート製がある。新幹線など最近建設された橋台はコンクリート製が主流だ。

次ページに続く ➡

▼ 橋脚を取りつける

表面を仕上げた橋台をレイアウトに取りつけます。さらにその周辺のディテールも作りこんでいきましょう。

1 接着剤は素材を考えて選択
橋台をレイアウトに接着する。芯材が発泡スチロールのため、接着は発泡スチロール用接着剤がおすすめ。ゴム系接着剤だと発泡スチロールが溶けてしまうので使えない。

2 橋台を取りつけたところ
所定の位置に取りつけた橋台。作例では橋台の右が垂直に切り立った壁。実物の場合、このような構造はコンクリートや石垣などで擁壁となる。これも表現しよう。

3 擁壁は石垣素材で表現
作例では擁壁をプラ製の石垣素材で作ることにした。サイズを測って素材を切り出す。ここも型紙利用が安心だ。

4 石垣材を取りつけ
石垣を取りつける基盤が発泡スチロール（スタイロフォーム）なので、やはり発泡スチロール用接着剤を使う。プラ材接着の強度は弱いが問題ない範囲。

5 橋台わきの擁壁が完成
石垣はプラ製なので、質感を出すには塗装が必要。レイアウトに取りつける前、塗装、そして右ページのようなウエザリングを施しておくとよい。

CHECK

実物の橋台を観察してみよう

現在、橋脚は製品も出ていますが、橋台は皆無といってもよく、この部分は自作しなくてはなりません。模型で鉄橋をそれらしく作るためには、やはり実物の観察がいちばんです。近年建設された橋台はコンクリート製が一般的ですが、明治・大正期にはレンガや石を積み上げて造られており、今もそれが使われていることもあります。橋台と桁の間には支承と呼ばれる部材も入っていますが、Nゲージのサイズではかなり小さなものとなるため、直接乗せてもよいでしょう。

写真は肥薩線一勝地駅のそばにある早川橋梁の橋台。護岸と一体になった鉄筋コンクリートで造られている。

LINK ≫ p221 擁壁、p217 ウエザリング

橋をリアルに仕上げる

製品の鉄橋はディテールもよくできていますが、プラスチック（プラ）の質感が残っていると重量感のない仕上がりとなってしまいます。つやを押さえ、さらにウエザリングを施すとリアルに見えます。

プラの質感を打ち消すことが重量感の演出になる

プラ製の模型鉄橋を実物のように見せるためには、塗装の追加がポイントとなります。工程は3段階に分かれ、①つや消しクリアー塗料を吹きつけ、つやを消す、②スミ入れで影を表現、③ドライブラシで錆などの風化状態を表現、となります。このうち、②や③はモデラーの好みで省略しても構いませんが、①はプラの質感を消すためにぜひやっていただきたい作業です。

加工前の鉄橋製品
作例で使用した鉄橋関係製品。なお、橋台の連結部にある白い素材は目立つので、写真右側は軽く色を入れて対策をほどこしたもの。

▼ スミ入れとドライブラシなど

スミ入れは溶剤で薄めたエナメル塗料などを使いますが、今では専用塗料もあります。ドライブラシはアクリル絵の具を使いました。

1 作業前に線路をマスキング
線路部は走行性能を確保するため、塗料は塗りたくない。線路をマスキングした状態でつや消しクリアーを吹く。

2 下路式トラス橋のマスキング
下路式トラス橋は線路のマスキングが難しいが、角材にテープを貼りつけて導いた。

3 スミ入れ塗料
作例ではタミヤのスミ入れ塗料を使用。色は数種あるが、ここでは影を強く表現できるブラックを選んだ。

4 鉄橋にスミ入れ
タミヤのスミ入れ塗料には小筆がついているが、鉄橋ぐらいの面積を塗るなら平筆を使った方が作業効率はよい。

5 ウォッシング
塗料が生乾きのときにティッシュや綿棒でこすりウォッシング。表面の塗料をぬぐって凹部に残った塗料で表現。

6 ドライブラシ
アクリル絵の具を筆にとり、一度ティッシュで絵の具を取る。筆に色がわずかについている状態で擦り塗りする。

パレット上の絵の具を適度に混ぜあわせて、錆などの色を調合する。

LINK ≫ p221 マスキング、p87 スミ入れとドライブラシの仕方

Step 6

トンネル

トンネルも鉄橋同様、魅力的な鉄道の構造物です。特にレイアウトのトンネルは、線路を隠すことになるため、情景が広く見える効果も期待できます。その一方、線路を覆うことで車両と接触する危険性も出てきます。建築限界(けんちくげんかい)をチェックしながら慎重に作業を進めましょう。

トンネルポータルは製品利用がおすすめ

トンネルの出入り口となるトンネルポータルは、各社から製品が発売されています。石積みやコンクリートなど素材の違いから、単線、複線、電化、非電化などの違いもあるので、確認して購入しましょう。

トンネル内部も作るとリアルに見えてくる

レイアウトのトンネルは、実物と違って山に穴をあけて作るのではなく、トンネル部分を山で被って作ります。しかし、地形的には、いかにも山を切り開いて穴を掘ったようにデザインするのがポイントです。また、トンネルの内部は黒く塗り、ベースボードなどの舞台裏を隠すことも重要です。

トンネル部を取りつけた状態
レイアウトにトンネルを取りつけたあと、目立つ部分の路盤は黒く塗り、10cmほど内壁も作った。これでトンネルらしさが出てくる。

1 トンネル位置を確認
トンネルポータルは複線電化用を使用。トンネル位置を再確認しておく。

2 トンネルポータルを塗装
トンネルポータルは取りつけ前にグレー系つや消しの缶スプレーで塗装。

3 柵は別の色に塗ってみよう
トンネルポータル上部の柵は別の色(赤錆系)に塗って変化をつけてみた。

Attention
はねあげ塗装のテクニック

建物や壁の下側は、雨のはね上げを受けて白っぽくなっていることがあります。これを模型で表現するとき、通常はエアブラシを使いますが、缶スプレーでも似たような効果を出すことが可能です。塗りたいものよりやや離してスプレー、スプレー周辺部の霧状の部分で着色します。塗料はかなり無駄になってしまいますが、簡単に作業できます。

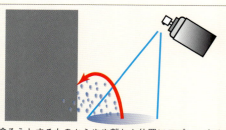

塗ろうとするものからやや離れた位置にスプレーするのがコツ。スプレー周辺部の塗料が少ない霧状の部分で塗る。

LINK ▶ p47 建築限界

▼ スミ入れとドライブラシを施す

トンネルポータルもスミ入れとドライブラシで実感的な雰囲気に仕上げます。さらに缶スプレーで泥はねも表現します。

1 スミ入れ開始
ここでもタミヤのスミ入れ塗料（ブラック）を使ったが、この面積を塗るなら平筆を使った方が作業効率はいい。全体にざっくりと塗っていく。

2 ウォッシング
スミ入れ塗料が生乾きの時にティッシュや綿棒でこすり、表面の塗料をぬぐう。より塗料を落としたいときはティッシュに溶剤を浸み込ませてぬぐう。

筆の動きは、水垂れの向きを考えること。トンネルポータルでは垂直に往復。

3 ドライブラシ
アクリル絵の具を筆にとり、一度ティッシュで絵の具を拭い去る。色がわずかについている状態で筆をこすりつけるように塗っていく。

パレット上の絵の具 適度に調合して使用

4 缶スプレーでエアブラシ
トンネルポータルの裾部は、泥はねでやや明るい褐色になっているものも多い。エアブラシが得意とする表現だが、簡単な缶スプレーを使用（左ページAttention）。

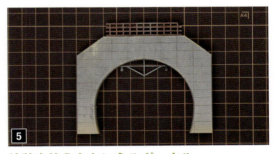

5 塗装を終えたトンネルポータル
一通りの塗装を終えたトンネルポータル。レイアウトに取りつけた状態で塗るより、パーツの段階で作業した方が楽だ。取りつけ後の塗装は周囲と馴染ませる程度。

CHECK

実物のトンネルを観察してみよう

リアルな情景を再現するには、なんといっても実物の観察が重要です。トンネルといえば山岳地帯のものと考えそうですが、平地の少ない日本では都市部にも結構見られます。通勤電車に乗りながらのトンネル観察も可能です。この場合、最後尾、車掌室の窓から見るのがベスト。最前部、運転室の窓からでは遮光のため、カーテンを閉めてしまうこともあります。もちろん、近所まで道が通じていたら、地上からゆっくり観察してみましょう。

都市部にも観察しやすいトンネルが多い。写真は中央総武緩行線の四ツ谷〜信濃町間にある旧御所トンネル。都内に残る明治時代のトンネルだ。丸ノ内線ホームから観察。

次ページに続く➡

▼ トンネルポータルの取りつけ準備

トンネルポータルの取りつけ方の定石はありませんが、作例では発泡スチロールで支えをつけて取りつけてみました。

1 発泡スチロールで支えを作る
発泡スチロールの端材で支えを作る。長方形に切り出し発泡スチロール用接着剤で貼るだけなので簡単。ただし、トンネルポータルが垂直に立つよう直角に気をつける。

2 支えをつけたトンネルポータル
支えの大きさは現物合わせだが、作例では地形との干渉を考慮して左右の大きさが違う。支えは大きい方が強度が出て、取りつけ後の安定性も高い。

▼ トンネルポータルの取りつけ

トンネルポータルの取りつけ位置を正確に決め、さらに建築限界をチェックして車両との接触を防ぎましょう。

1 トンネル位置を記す
路盤となる発泡スチロール（スタイロフォーム）の上にトンネル位置を描く。「全国高校生鉄道模型コンテスト」の規格に合わせて線路位置を定めた。

2 線路を仮設してチェック
路盤に描いた線路位置に使用する線路を仮設して車両にあたらないかトンネル位置を確認。写真にはないがトンネルポータルを何度も置いて検討している。

3 線路間隔も正確に合わせる
作例は複線トンネルなので、線路の間隔も重要だ。「全国高校生鉄道模型コンテスト」の規格に合わせた建築限界ゲージを使うと簡単にチェックできる。

＞ 建築限界ゲージは「全国高校生鉄道模型コンテスト」の規格書から作成した。

＞ 建築限界ゲージは「全国高校生鉄道模型コンテスト」の規格書に記載されているので、プリントして厚紙などに貼りつけて使う。

4 トンネルポータルの取りつけ
路盤やトンネルポータルの支えが発泡スチロール（スタイロフォーム）なので、接着は発泡スチロール用接着剤を使用する。

5 トンネルポータルの位置確認
建築限界ゲージも活用してトンネルポータルの位置が正しく取りつけられているか確認。しっかり固着する前なら微妙な位置移動も簡単にできる。

LINK ▶ p70「全国高校生鉄道模型コンテスト」の規格

▼ 路盤面を黒く塗る

トンネルポータル越しに見える路盤面が発泡スチロールのままだと興ざめです。つや消し黒に塗っておきましょう。

1 未塗装部分をマスキング
トンネル内の塗装は適当な塗料を筆塗りしてもいいが、作例ではプラ用缶スプレー（つや消し黒）を使用した。塗装前に塗らないところをマスキング。

> マスキングする面積が広いので、マスキングテープだけでなく紙なども活用。

2 缶スプレーで塗装
塗装する部分が囲まれた形になっているため隅に塗料がまわりにくいが、ざっと黒くなっていればいいので、あまり気にしないで大丈夫だ。

3 黒塗装終了
線路を通す開口部では、化粧板の内側も少し塗っておく。未塗装のベニヤ板は意外に明るい色で、トンネルを覗きこんだときに目立つことがある。

▼ トンネル内壁を作る

トンネル内壁もつけましょう。ただし、線路保守の妨げにならないよう、長さはトンネルポータルから数cmに留めます。

1 内壁は黒い厚紙を利用
レイアウトに設置するトンネルの内壁は、黒く塗ったプラシートやボール紙など、簡単なものでも十分それらしく見える。作例では厚手の黒ケント紙を使用している。

> トンネルポータルの内壁部に合わせて厚紙の長さを決める。

2 トンネルポータルの内側に取りつけ
適当な大きさに切り出した厚手の黒ケント紙をトンネルポータルの内側に接着。紙の反発力もあるので、ゴム系接着剤を使用して、がっちり止めた。

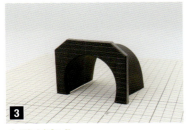

3 内壁が完成
トンネルポータルを黒く塗っているが、これは作例では化粧板側（山の内側）にくるもの。紙製の内壁を両側のトンネルポータルで支える構造になる。

4 内壁を取りつけ
③の内壁をレイアウトに取りつける。接着剤は、先に設置してあったトンネルポータルおよび黒く塗った路盤に接する部分に塗っている。

5 トンネル部が完成
化粧板の開口部とトンネル内壁を支える黒いトンネルポータルとの間に空間があるのは、モジュール連結用の線路の着脱をするためのゆとりスペースだ。

LINK ▶ p221 マスキング

Step 7 地形の基礎工作②

鉄橋やトンネルまわりの準備を終えたら、次は路盤面より上の地形の基礎作りへと進めます。ここでは道路、擁壁など地形的なディテールを作るための基礎工作も並行して行ないます。地味な作業の連続となりますが、リアルなレイアウトに仕上げるための重要なポイントです。

山などの地形を作る方法

山など起伏のある地形を作るためには、いろいろな方法があります。多くのモデラーが実践しているのは、骨組み（芯材）によって大まかな地形を作り、あとから表面を地面のように仕上げていく方法です。

地形の骨組みもさまざまな方法がある

レイアウトで起伏を表現する際、表面仕上げに使う素材（例えばプラスターなど）を厚く塗っていくことで表現することも考えられますが、大きな起伏となれば重量もかさみ現実的ではありません。そこで何らかの構造で山の骨組みを作り、表面を地面に見えるように仕上げていく方法が一般的です。

山の骨組みは、博物館展示レイアウトのような大きなものでは木材と金網によって作ることもありますが、私たちが家庭で楽しむサイズでは工作しやすく軽量であることが求められます。表面仕上げを相応の強度が期待できるプラスター処理とした場合、丸めた新聞紙をテープで留めるといった簡素なものでも十分実用になります。さらに嵩が必要なときは、ペットボトルを併用、あるいは段ボール紙を切った帯材を網状に組んでいくなどの方法があります。

山の基盤が完成したところ
発泡スチロール（スタイロフォームなど）によって山の基盤が完成。擁壁や堰堤などの構造物もこの段階で取りつけておく

作例では軽量化と輸送に耐えられる強度を考え、芯材は発泡スチロールによる積層構造、表面は張りぼて状に紙を貼り、表面にパウダーを撒いて地面を表現する工法としました。プラスターによる山の製作は138ページをご覧ください。

▼ 山の骨組みの技法例

A

新聞紙を使う
新聞紙を丸めて紙テープなどで止めていく。ちゃちな骨組みに見えるが、プラスターの強度があれば問題ない。

B

ペットボトルを使う
空き瓶となったペットボトルを芯材とする技法。軽くて丈夫。さらに周囲に丸めた新聞紙を付け、形を整える。

C

段ボール帯を使う
段ボール紙を帯状に切り出し、網状に組んでいく。帯材の交差部を接着材または紙テープで固定すると強度が増す。

LINK ▶ p220 プラスター、p138 プラスターによる山の製作、p137 ペットボトルを使う、p137 段ボール帯を使う

▼ 発泡スチロールで山を作る

作例では発泡スチロール（スタイロフォームなど）を積み重ねて山の骨組みとしました。同時に擁壁なども取りつけます。

1 発泡スチロールの端材を準備
山の骨組みは発泡スチロールの積層。梱包用に使われる発泡スチロールや路盤作りに使用したスタイロフォームの端材を使うので捨てずに集めておく。

2 地形をイメージして作業開始
作例ではトンネルの前に擁壁を設ける。この段階からどんな地形に仕立てるのか、仕上りをイメージしながら発泡スチロールを接着していく。

3 擁壁を取りつけ
擁壁や堰堤は発泡スチロールによる地形の骨組み工作の途中で適宜取りつけていく。擁壁や堰堤は取りつけ前にある程度の塗装仕上げをしておこう。

4 トンネルまわり
トンネルまわりの地形形状もしっかり考えておこう。トンネルを掘る前の地形をイメージすると、考えをまとめやすいはずだ。

5 発泡スチロールを積み上げる
山の形をイメージしながら発泡スチロールの端材を積み上げていく。接着は発泡スチロール用接着剤か木工用接着剤。ずれが気になる時は竹串で仮止め。

6 積層構造が完成
発泡スチロールの積層構造が完成。あとで発泡スチロールを削りながら形を整えるので、仕上りイメージよりやや大きめに作っておくとよい。

▼ 山の形を整える

発泡スチロールを積み重ねたままだと表面は階段状です。滑らかな斜面になるように発泡スチロールを削っていきます。

1 発泡スチロール用カッターで切る
発泡スチロールの加工は、カッターナイフでもできるが発泡スチロール専用のカッター（78ページ参照）が便利。階段状になった角をそぎ落とすように成形していく。

⊕ 発泡スチロール加工では刃を長く出しがち。くれぐれも安全に気をつける。

2 カッターナイフで切る
発泡スチロールは、カッターナイフでも簡単に加工できる。作業の内容にもよるが、発泡スチロールの加工は大型の刃を持つカッターナイフの方がやりやすい。

次ページに続く➡

LINK　p92 擁壁の塗装、p78 発泡スチロール用カッター

POINT

擁壁は塗装してから取りつけていく

擁壁は地形の仕上げがすべて終わってから取りつけるより地形の骨組みを作っている段階でつけてしまう方が、その周辺の地形をリアルにまとめやすいと思います。また、これまでに紹介してきた橋台やトンネルポータルと同様、最初に塗装まで仕上げた状態で取りつけるのがおすすめです。レイアウトに取りつけたあとでも作業はできますが、取りつけ前の方が作業は楽なのです。

ここでは擁壁の加工と塗装について紹介しますが、こうした塗装は、似たような工程で、しかも使用する色調も同様になる橋台やトンネルポータルなどといっしょに行なう方が効率的です。

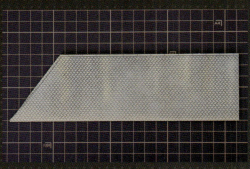

塗装を終えた擁壁
作例の擁壁はグリーンマックス製の石垣を使用。プラ製なので適当な色をつや消し塗装、取りつけ場所の環境を考えながら、スミ入れ、ドライブラシなどで質感を出していく。

1 擁壁素材を成形
擁壁とする石垣の大きさを決める。型紙を作るのが確実だが、写真のように現物合わせで加工してもいい。

2 グレー系に塗装
全体をグレー系に塗装する。塗料は手軽なプラ用つや消しの缶スプレーを使用した。

3 スミ入れ
薄めた黒いエナメル塗料で全体にスミ入れ。生乾きの状態で凸部の塗料をぬぐっていく。

パレット上の絵の具
適度に調合して使用

4 ドライブラシ
ドライブラシで石垣の凸部を際立たせていく。苔むした感じや水や泥が流れた状態なども表現できる。

5 裾の泥はねも表現してみよう
缶スプレーで石垣裾の泥はねを表現。濃緑色の缶スプレーを使えば、湿気の多い裾だけ苔むした感じにもできる。

LINK ▶ p84 擁壁は石垣素材で表現、p87 スミ入れとドライブラシ、p86 泥はねの表現

川の土台を作る

川は水底まで作りこむ方法もありますが、作例では水の深さを塗装で表現してみました。基盤そのものが水面となりますので、工作はぐっと簡単になります

水の表現方法で基礎工作が変わる

作例の川は、水の部分を塗装で表現しています。詳細は98ページに記していますが、水らしく見える色を塗り、さらにその上につやのあるクリアー系塗料を塗って表現しています。水深の変化する様子も塗装で表現しますので、基礎工作は水底を作るのではなく、水面を作ると考えればいいのです。作例では川を堰き止める堰堤を設置しているため、その上流と下流の段差をつけるだけで川の基礎工作は完了です。

堰堤の上流側と下流側で水面高さの違いを演出
堰堤の高さに合わせた発泡スチロール板を堰堤の上流側に貼ってある。下流側はベースボードの上面(ベニヤ板面)が水面となる。

1 型紙で川の形を作る
川の形に合った発泡スチロール板を切り出す。フリーハンドで削り出していくため、型紙で写し取るのがいい。

2 直接切り出すのが簡単
川の型紙はそれほどシビアな精度は不要なので、レイアウトに紙をあて、カッターナイフで直接切り出して作る。

3 発泡スチロール板を切り出し
できあがった型紙を元に発泡スチロール板を切り出す。作例は堰堤(p94)の高さからみて5mm厚のものを使用した。

4 発泡スチロール板を貼る
作例で使用した発泡スチロール板は、ポスターなどの額装に使う糊付きのものを使用した。さほど強度がいらない部分なのでベースボードへの取りつけはこの糊を活かしている。

5 所定位置に圧着する
発泡スチロール板を所定の位置に圧着する。糊の強度が不安なら木工用接着剤などを併用すればいい。

次ページに続く➡

LINK ≫ p98 川

▼ 堰堤と擁壁の取りつけ

堰堤や護岸の擁壁もこの段階で取りつけます。こうした構造物を加えていくことで、川の流れに変化がついてきます。

コンクリートは水に濡れている部分と乾いている部分で色調が異なる。

1 堰堤を取りつける
自作した堰堤を取りつける。発泡スチロールが絡むので、接着剤は発泡スチロール用がおすすめだ。

2 堰堤に追加塗装
水の流れを想定して、その部分の色調を濃くする。筆先は流れの方向に運ぶ。取りつけ前に塗っておいてもいい。

3 護岸の擁壁を取りつける
川岸の護岸も表現。石垣など好みの素材を貼りこんでいく。擁壁のパターンを変えて変化をつけることも考えよう。

POINT

堰堤はプラ角材とプラ板で簡単にスクラッチビルド

実物の堰堤は、用途に合わせてさまざまな形状がありますが、作例は傾斜のついたコンクリート製としてみました。中央部には階段状の魚道をあしらい、単調にならないよう変化をつけています。

作例の堰堤の材料はプラ角材とプラ板を組み合わせたものです。構造は下の写真を見ていただければお判りでしょう。階段状の魚道部は1mm厚のプラ板をずらして貼ったものです。わきに三角に切り抜いた板を貼ってやると、それらしく見えてきます。

できあがった堰堤。グレー系のつや消し缶スプレーで塗装、コンクリート構造物らしく仕上げてみた。

──プラ角材とプラ板で堰堤を作る

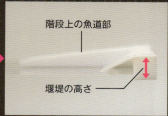

堰堤設置位置にプラ角材をあてて、長さを検討。この角材に帯状に切り出したプラ板（0.2mmか0.3mm程度の薄いものが扱いやすい）を接着。

プラ角棒とプラ板の接着が完全に固着したところでプラ板を斜めに曲げる。薄手のプラ板を使えばエッジをきっちり出せる。

魚道は曲げ加工が終わったところで、取りつけ予定位置のプラ板を切り取って取りつける。最初に切り取ってしまうと曲げ加工が左右で揃いにくい。

階段上の魚道部
堰堤の高さ

LINK p91, 92 擁壁の取りつけ

道路の土台を作る

道路は地形基盤に直接作りこむこともできますが、作例では線路と交差する踏切があります。道床の厚みを考え、道路部分をある程度嵩上げしておく方が、踏切まわりの作りこみがやりやすくなります。

線路道床の厚みで道路土台の厚みが決まる

　レイアウトの道路を作るときに考えねばならないのは、道路面の表現方法と線路と交差する踏切部の構造です。

　作例の道路は未舗装という想定なので、道路面は表面に粒子を固着したKATO製のシーナリーペーパーで仕上げることにしました。また、踏切部では道路上面と線路のレール頭がほぼ同じ高さにならないと急な傾斜が付いてしまいます。こうした道路素材や踏切の処理を考えて土台を作ります。

発泡スチロールの道路土台が完成
踏切で線路と平面交差する道路は高さの調整をしっかり考えよう。道路はレール面より高いと通行に支障、低すぎると見た目がよくない。

1 道路の型紙を作る
道床付き線路の厚みを考え、道路の土台は5mm厚の発泡スチロール板とした。最初に道路形状を想定した型紙を作る。

2 発泡スチロール板を切り出す
型紙を切り出し、レイアウトに当てて確認。思い通りの形状になっていたら、型紙から発泡スチロール板を切りだす。

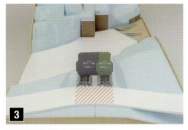

3 踏切部分を削除
発泡スチロール板の道路土台をレイアウトに当てて、線路と交差する踏切部分を切り取ってしまう。

4 土台を接着する
発泡スチロール板をレイアウトに接着。発泡スチロール板についている糊だけでは弱いので接着剤を併用した。

5 ピン止めして固着
作例の場合、道路の一部が傾斜地にあり、発泡スチロール板の接着が浮きがちだった。こんな時は虫ピンなどで仮止めして接着剤の固着を待とう。

次ページに続く➡

LINK p103 踏切の作り方

Step 8 地面

ここからはレイアウトの様子が劇的に変化する作業工程が連続します。まず地面を仕上げてしまいましょう。この作業での仕上りはハゲヤマ状態ですが、心配は無用です。なお、作例ではモジュールレイアウトとしての強度を持ち、さらに軽く仕上げる工法を採用しています。

地面を仕上げる

発泡スチロール（スタイロフォーム）で作った地形基盤は、色や質感も地面とはまったく異なる印象です。この作業は、地面らしい色調に整え、さらにざらざらとした質感も演出する工程です。

地面の色は難しい 悩んだらとにかく明るめに

作例の地面は水性ペンキを浸み込ませたペーパータオルを基盤に貼り重ねる張りぼて工法で作りました。さらに塗料が乾かないうちにパウダーを撒布して表面の質感を演出、色調の変化も出しています。この方法は簡単に作業でき、軽く、強度も出せるのでモジュールレイアウトにおすすめです。

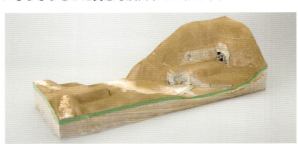

地面工作が完成
地面の色は塗料が乾燥すると明るめになる。だからといって暗めに塗るより、明るめの色を選ぶ方が失敗しても修正が効くので安心だ。

▼構造物をマスキング

擁壁や橋台などをマスキングします。また、化粧板は最後に塗装しますが、これもマスキングしておくのがおすすめです。

1 新聞紙も使ってマスキング
マスキングテープだけでなく、面積の広い部分は新聞紙なども活用してマスキングしていく。

2 構造物のマスキング完了
トンネル内もマスキングを忘れずに。ここではトンネルポータルに丸めた新聞紙を押し込むだけでも十分だ。

3 化粧板もマスキング
化粧板のマスキングは塗装養生用の粘着テープつきポリシートが便利だ。

マスキングを終えたレイアウト。山の一部に新聞紙が見えるが、これはマスキングではなく、発泡スチロールの隙間を埋めたもの。

LINK p70 モジュールレイアウト、p210 塗装養生用の粘着テープ

▼ 張りぼて工法で塗装

塗料を浸み込ませたペーパータオルを貼り重ねていきます。塗装と表面の仕上げをいっしょに済ませてしまう簡単工法です。

ペーパータオル
キッチン用品のペーパータオルを用意する。厚手で、塗料を浸しても千切れにくいものがおすすめだ。

水性ペンキを薄める
塗料は水性ペンキが価格もリーズナブルでおすすめ。色はベージュ系が無難。複数の色を調色してもいい。水で4〜5倍に薄めてから使う。

さらに木工用接着剤を追加
薄めた水性ペンキに木工用接着剤を混ぜ込む。量は薄めた水性ペンキに対して1/10程度。色付きの"ボンド水"(221ページ参照)といった感覚だ。

ペーパータオルを浸す
ペーパータオルを薄めた水性ペンキ(木工接着剤入り)に浸す。一度に浸さず、1枚ずつ作業する方がやりやすい。作業はビニール手袋を着用する。

ペーパータオルを貼る
ペーパータオルを容器内で軽く絞ってから、レイアウトの上に拡げて貼りつける。2〜3枚重ねるように貼り重ねていけば完成だ。

路盤などはペンキを直塗り
路盤などはペーパータオルを使わず、刷毛で直塗り。塗料を薄め過ぎて色がのらない時は、適宜、水性ペンキを追加して濃度を調整する。

▼ パウダー撒布で表面仕上げ

ペーパータオルの塗料が乾かないうちにシーナリー用のパウダーを振りかけます。塗料が乾けばパウダーは固着します。

撒布に使うシーナリーパウダー
オガクズ、スポンジ粒などで作られた模型用シーナリーパウダーを使用。石などを粉砕して作られたパウダーでもいいが、この場合は"ボンド水"を追加する方が無難。

茶こしに入れて撒布
シーナリーパウダーは茶こしに入れて撒布する。茶こしをレイアウトから離すと薄く均等に撒布でき、写真のように近付けると強弱がはっきりする。適宜調整しながら。

LINK ▶ p104 ボンド水、p218 シーナリー

Step 9

川の水表現

地面に続いて川を作ります。水の表現方法もいろいろあります。例えば川底や海底を作り、水に見える素材を流し込む。あるいは水面として透明プラ板などを張って水中の様子や深さを表現する方法もあります。作例では川底を作らず、塗装で表現する簡単な手法としました。

塗装で川を表現する

作例の川の水は、基盤を水らしい色調に整え、その上につやのある素材を塗ることで表現しています。川底を作らないため、工作は比較的簡単です。この技法では川だけなく湖や海などにも応用できます。

水表現に使うつやのある素材

水表現のポイントとなる表面仕上げは、今回、ターナー色彩の「水性グレインペイント　アクアシリーズ」を使用しました。ペースト状になったアクリル絵の具で、乾燥すると透明になります。つやはグレインペイントより弱いですが、木工用接着剤でもほぼ同様の効果を得ることができます。

水表現の素材を塗ったところ
基盤を着色後、完全に乾燥させてから水性グレインペイントアクアシリーズを塗る。塗った直後は濁っているが乾くとつやのある透明になる。

▼ 川を塗装する

最初に川の基盤面を水をイメージした色に塗ります。色調により水質や深さなども表現するため、のっぺり塗らないのがコツです。

1 アクリル絵の具が便利
水の色を表現する塗装はアクリル絵の具が使いやすい。最低でも数色用意。

2 堰堤はマスキングしておく
堰堤は工作のやりやすさを優先して設置済み。塗料がつかないようマスキング。

3 色調を工夫しながら調色
この場合のアクリル絵の具は通常原液で使う。色調を考えながら調色しよう。

4 基盤を塗っていく
川の水となる部分を塗っていく。原液状態で塗りにくい場合は、適宜筆に水を含ませると塗りやすくなる。

5 流れ込みなどは色調を工夫する
色調は川の絵を描くつもりで整えていく。瀬や瀞、深み、流れ込みなどで変化をつけていくとよい。

LINK ≫ p215 水性グレインペイント　アクアシリーズ

▼ 水素材を塗る

川の塗装が乾いたところで水表現の素材を塗ります。この作業は川の塗装が完全に乾いていないと失敗しますので注意しましょう。

1 マスキングを剥がす
堰堤の上を流れる落ちる水も表現するので、堰堤のマスキングを剥がす。

⊕ 水素材は最初全面に塗り、p148の写真のようにさらに川の波、流れを表現
2 水素材を塗る
腰のある筆で水性グレインペイントアクアシリーズを全面に塗っていく。

3 波や流れを表現
水素材がやや硬化したところで重ね塗りするとエッジが出て波に見える。

▼ 川を仕上げる

水表現の素材が完全に硬化した後、砂絵を描く要領で川原を作り、さらに白のドライブラシで波や泡立ちの表現なども加えていきます。

1 ボンド水を塗る
水素材が完全に硬化してから、川原の予定地にボンド水を塗っていく。

2 砂を撒く
ボンド水の上に川原に見立てる砂を撒く。砂の厚いところはボンド水を滴下。

⊕ 流れ込みの泡は雪素材なども使ってしっかり表現する方がリアルに仕上がる
3 波や泡立ちを描く
白のドライブラシで波や泡立ちを描く。この作業は川原の固着後が無難。

CHECK
塗装による水の表現は絵画を描くつもりで工作する

実物の川や海を見て水の色がわかるでしょうか。実はよほど濁った水でない限り、コップに汲んでみれば無色透明です。水の色というのは、底の色や形状、深さ、波の状態、そして空の反射などにさまざまな条件が複雑に絡み合ってそう見えるだけなのです。

したがって水を実物通りに仕上げることは不可能と思えば模型作りも気が楽になります。絵画を描くように自分の思い描く状態を表現すればいいのです。ただし、実物の観察も重要です。

鉄道模型のレイアウトは元々イメージを凝縮した世界。川の表現も同様で狭いところでも瀬や瀞などを盛り込み変化をつけたい。

●淡い色は
青系の絵の具と白を調色しながら複雑な諧調を作っていく。泡を表現するときは完全な白を使うこともある。

●濃い色は
青系と緑系の絵の具を調色するのが無難だろう。単純に「水＝青」という型どおりの表現でもいい。

LINK ▶ p87 ドライブラシ

Step 10 線路の取りつけ

いよいよ線路を取りつけます。作例は比較的ビギナーを対象と考え、線路敷設をできるだけ後の工程にしました。できるだけ線路を汚さず、走行性能を妨げたくないと考えたためです。自分の作品では、路盤完成後、ほかの工程を考えつつどのタイミングで取りつけても構いません。

線路の取りつけは接着剤が簡単

道床付き線路の取りつけは接着剤利用が簡単です。小釘を打ち、しっかり止める方法もありますが、残念ながらスタイロフォームの路盤では釘が効きません。接着剤は素材を侵さない発泡スチロール用接着剤を使います。

鉄橋やトンネルの線路敷設は精度を出しながら慎重に

鉄橋やトンネルの線路が所定の位置に設置できないと、車両が構造物に当たって通行できないなんて事態も起こり得ます。実は精度が必要な難易度の高いアイテムでもあるのです。作例はほぼ直線となっているので比較的簡単ですが、こうした構造物が曲線部にある時は慎重に工作しましょう。

線路の取りつけ完了
川を跨ぐ鉄橋が設置され、トンネルに通じる線路も敷設終了。ようやく鉄道らしい情景が見えてきた。

▼ 架線柱（かせんちゅう）の取りつけ準備

作例は電化路線としたため、架線柱も立てます。架線柱は規格などの制約があるため、線路と同一メーカーの製品を使うのがよいでしょう。

1 架線柱の取りつけ台
KATOの道床付き線路専用の架線柱取りつけ台。道床部にはめこんで使う。

2 架線柱の位置を検討
線路を仮設置して架線柱の位置、すなわち架線柱取りつけ台の位置を検討する。

3 取りつけ台を固定
架線柱取りつけ台を、プラ用接着剤、瞬間接着剤などで線路の道床部に接着。

POINT 線路取りつけ前に再点検!!

架線柱取りつけ台の接着が終われば、いよいよ線路の敷設作業です。しかし、線路をつけてしまうとできなくなる作業もあるので、特に路盤まわりをチェックします。作例では橋台の上面などが未塗装のままでした。この状態で線路を取りつけてしまうと、青いスタイロフォームなどが見えてしまい興ざめです。気づいたところですぐに補修しておきましょう。

未塗装でばれている部分を塗装する。最後にパウダーや草で隠してしまう手もある。

LINK p212 発砲スチロール用接着剤

▼ 線路を取りつける

線路は先述のように接着剤で取りつけます。作例では位置決めの精度が必要な鉄橋まわりから敷設、線路を両端に順次延ばしていきました。

1 線路を接着して固定
作例の路盤はスタイロフォームなので接着剤は発泡スチロール用を使用した。道床の底辺部および路盤面に塗り、圧着する。

2 鉄橋は橋脚と一体に組んで取りつけ
作例の橋脚は鉄橋側にはめこむ構造。鉄橋と一体に組みあげたあと、発泡スチロール用接着剤を塗り接着する。

3 ゲージを使って線路位置を確認
線路を路盤に接着したら、すぐにゲージを線路に当てて線路間隔などが正しく敷設されているか確認する。接着剤の硬化前なら修正も簡単だ。硬化後の修正は難しい。

4 固着までピンで仮固定
接着剤が固着するまで線路がずれないように適宜ピンを刺して固定しておく。なお、線路は左右にずれるだけでなく、浮き上がることもあるので要注意。

Attention

未塗装の架線柱は仕上げてから使う

架線柱は製品によって塗装済みのものもありますが、作例の製品はグレーでモールドされている未塗装品です。このままでも使えますが、ちょっと手を加えてやると雰囲気がぐっとよくなります。作業は全体につや消し塗装、碍子に白または白緑色で色さし、そしてスミ入れです。今回、全体の塗装はモールドの色を活かしてつや消しクリアーを吹き付けることにしました。プラ臭が消え、重量感が出てきます。

つや消しクリアー
白色塗料

碍子は面相筆で一つずつ色をさすように塗っていく。地道な作業だが、仕上がったときの効果は抜群だ。

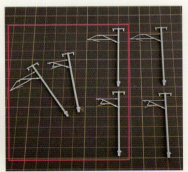

加工前（右）と加工後（左）の架線柱。作例の碍子はすべて白としたが、近年、海岸沿いの路線を中心に塩害防止の白緑色も多い。

Step 11

踏切&道路と線路の仕上げ

線路と道路が平面交差する「踏切」。新幹線や都市部の高架鉄道は別として、極めてよく見られる構造です。この踏切を作るには、線路と道路の両方から作業を進めていかねばなりません。作例では線路、道路、踏切の順に作り、その後、線路や道路の仕上げへと進めていきました。

踏切の基本は
列車通行を妨げないこと

レイアウトの踏切は列車通行の障害となりやすい場所です。線路と一体になった既製品ではそのような事故は起きませんが、自作の際は注意を払って作業を進めます。

道路の質感は
シート素材を活用

実物の道路は、視覚的に大きく分けて舗装道路、未舗装道路の2種があります。

模型で表現する場合、例えばプラスターを塗り、表面の仕上げ方で舗装と未舗装を作り分ける方法もありますが、Nゲージぐらいの縮尺ではシート状の素材を貼って表現することもできます。舗装道路の場合、表面が平滑で、つやのない厚紙などの素材が考えられます（作例は132ページ）。また、未舗装道路ならサンドペーパーが利用できます。ざらざらとした質感を活かして、それらしい色に塗れば未舗装道路になります。

今回の作例はKATOから発売されているシーナリーペーパーを利用しました。シートにいろいろな色の粒子を固着したサンドペーパー状のもので

踏切まわりの道路が完成
道路はシーナリーペーパーを貼ったものだが、草を撒くことで周囲の地面と自然につながって見える。踏切標識は片方だけ取りつけた状態。

す。粒子の大きさによってバラストタイプ、砂利タイプ、砂目タイプの3種あり、色もそれぞれ5種あります。作例は砂目タイプのライトベージュを選んでいます。

▼ シーナリーペーパーを貼りつけ

シーナリーペーパーを道路の形に切り抜く作業は、型紙を使って成形するのが確実です。

1 型紙を作る
レイアウトの上に適当な紙をあて、道路の形を描く。切り抜いたあと、レイアウトにあてて形を確認。必要なら型紙の形を修正する。

2 道路素材を成形
道路素材とするシーナリーペーパーに型紙をあてて成形する。このとき、よくやってしまう失敗は型紙の表裏を間違えること。言うまでもないが、ご注意を！

3 道路素材を貼りこむ
シーナリーペーパーは裏側に粘着素材がついているが、念のため、周辺部に接着剤を点づけしておくと強度が増す。接着剤は発泡スチロール用を使用。

▼ 踏切を作る

　Nゲージの踏切は、製品もいくつか発売されていますが、大きさの問題などから自作しなくてはならないこともあります。作例は0.5mm厚のプラ板を利用して作ってみました。

　注意すべきポイントは列車の通行を妨げないこと。そのためには踏切構造がレール面より出っ張らないことが重要です。また、レール間に設置する道路部は、車輪の縁の出っぱりと接触があってはなりません。見た目は隙間が目立ちますが、道路部の幅を6mmに仕上げ、レールとは1.5mmずつ隙間を開けておけば安心です。なお、踏切構造ができあがったら、必ず試運転を行ない、問題のないことを確認してから次の工程に進みます。

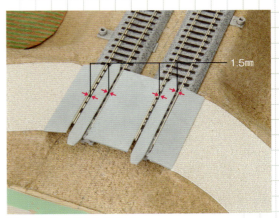

踏切部分の道路が完成
踏切部分は0.5mm厚のプラ板で製作、つや消しグレーに塗ってある。レールとの干渉具合をよくチェックし、さらに試運転も行なうこと。

1　現物合わせで調整
踏切の工作は、微妙な調整の繰り返しとなる。部品を作ったところでレイアウトに仮設置し、常に状態を確認しながら現物合わせで仕上げていく。

2　サンドペーパーで仕上げ
レール間に設置する道路は、両端部を台形に仕上げる。これは列車通過時のトラブルを避けるため、実物にもある構造。サンドペーパーで削りながら形を整えた。

3　部品ができた状態で仮設置
踏切の部品がすべてできあがったところで仮設置。この段階でも軽く車両を通し、車輪とあたらないことを確認する。浮き上がるときは、仮接着することも考える。

4　塗装して固定
踏切部品の確認を終えたところでプラ用塗料（つや消しのグレー系）で塗装。塗装が乾いたところでレイアウトに接着していく。ここは瞬間接着剤などが便利。

次ページに続く➡

▼ バラストを撒く

作例に使用したKATOの道床付き線路は、その名のとおり道床部も表現されていますが、裾の部分に市販のバラストを撒いてあげると、さらにリアルな感じになってきます。

バラストは管理上、固定してしまいますが、その質感を損なわず、がっちりと固着できるのが、ここで紹介する"ボンド水"を使用する方法です。草などの固着にも利用できるので、レイアウトやジオラマ工作には欠かせません。

バラストが加わり、線路がリアルになってきた
バラストは道床付き線路の道床部だけを覆うように撒布、"ボンド水"を使って固着してある。バラストは市販の製品からNゲージに似合うサイズのものを選ぶ。

1 "ボンド水"を準備する
"ボンド水"とは木工用接着剤を水で薄めたもの。4～5倍の水を目安に扱いやすい濃度を工夫しよう。界面活性剤として台所用中性洗剤も1滴加える。

2 "ボンド水"を塗る
バラストを撒布する場所に"ボンド水"を塗る。これは撒布するバラストを一定位置に留めておく効果を狙ったもの。撒布作業と合わせ、少しずつ行なう。

バラストの形を整える筆は複数本用意し、筆先が湿ったら交換していく。

3 バラストを撒布していく
"ボンド水"を塗った場所にバラストを撒いていく。スプーンなどを使うと撒きやすい。バラストを撒いたあと、乾いた筆でバラストの形を整えていく。

霧を吹きつけることでバラストの形が崩れぬよう、20cmくらい離して霧が緩やかに降りかかるように作業。

4 バラスト部を湿らせる
霧吹きに中性洗剤を1滴加えた水を入れ、バラストに霧を吹きかけて湿らせる。これは次の工程の"ボンド水"を浸みこみやすくするための準備だが、効果的作業だ。擁壁や田んぼは新聞紙で蔽う。

"ボンド水"が線路のつなぎめなどに入ると通電しにくくなるので注意。

5 "ボンド水"を滴下していく
スポイトで"ボンド水"をバラストに滴下していく。バラストに浸み渡ったら完了。後は半日以上、バラストに触れず、乾燥、硬化させる。

LINK p221 ボンド水、p220 バラスト

▼ 道路を仕上げる

　踏切まわりが完成したところで、道路も仕上げていきましょう。まず、道路として貼りつけたシーナリーペーパーの周辺部に草を撒き、地面とのつながりを自然な形に表現します。これは左ページで紹介したバラスト撒布と同じ方法で作業します。今回は未舗装道路なので、さらに道路の中央部なども草が生えた状態に表現していきます。これでローカル色あふれた未舗装道路ができあがりです。

草で被われた未舗装道路が完成
未舗装道路は草による囲いこみがそれらしく見えるポイント。やりすぎたかな？　と思うぐらいがちょうどよい。この後、踏切標識などを取りつけ、仕上げていく。

1　"ボンド水"を塗る
バラスト撒布と同じ意味の作業だが、草はバラストよりもラフな作業で大丈夫。筆ではなく刷毛を使い、作業性を上げた。慣れればバラストも刷毛で。

2　草を撒く
草素材を撒いていく。草素材は撒く前にブレンドしておくと、簡単に変化のある草むらが表現できる（152ページ参照）。余分な草は筆などで掃きとる。

3　"ボンド水"を滴下
バラスト撒布同様、最初に霧吹きで軽く湿らせてから"ボンド水"を滴下していく。草素材のスポンジ粒は浸みこみにくいので"ボンド水"はやや多めに。

4　道路中央の草
道路中央部などの草は、生やそうと思うところに"ボンド水"を塗る。この場合は筆を使い、多少"ボンド水"が途切れるような感じで塗っていく。

5　草を撒く
道路中央部の草は、びっしり生えてなくてもよい。そのため、霧吹きやスポイトによる"ボンド水"滴下は省略した。このあたりは自分の好みで判断。

6　踏切標識を取りつける
作例は交通量の少ない第4種踏切という設定。踏切標識を取りつければ、踏切を含めた道路の完成だ。さらにほかの道路標識を取りつけても楽しい。

Step 12 草木の仕上げ

線路や道路が仕上がったところで、地面むきだしのハゲ山に草木を植えていきましょう。レイアウトの印象が劇的に変わる工程で、その変化の楽しさに手が止まらなくなります。さらに信号や架線柱(かせんちゅう)、標識など取りつけていけば、レイアウトはより密度の高いものになります。

地面を緑で蔽(おお)う

日本は植物の生育に適した環境で、国土全体が緑に囲まれているといっても過言ではありません。逆に地面の見える場所が限られているぐらいです。日本の情景を表現するレイアウトでは草木の植込みが極めて重要と言えます。

最初に草を植え低木から高木へと植栽

レイアウトの緑化作業は、背の低いものから高いものへと順に進めていくのが順当です。最初に草を植え、さらに低木を生やし、最後に樹木を植えていくのです。これにより、下草の様子なども表現でき、全体としてリアルな植生が再現できるのです。

なお、草は152ページに紹介したように、さまざまな素材をブレンドしてからつけていくと、簡単に複雑な表情が出せます。ぜひ、実践していただきたい手法です。

緑化作業にひと段落ついたら、架線柱や標識も取りつけます。さらに人形などもあしらうと情景が活き活きしてきます。

緑で蔽(おお)われ完成状態に入ってきた
レイアウトは草木の緑が加わることで、ぐっとリアルになる。制作途上の写真と比べると効果の具合を実感できる。ここで初めて鉄橋の赤い色も効いてくる。

▼ 耕作地を作る

草を撒く前に耕作地を作ってしまいます。これはNゲージの田畑を表現した情景シートの製品利用がおすすめです。

1 市販の情景シート
田畑を表現するシート状の素材は各社から製品化されているが、作例ではトミーテックのジオコレシリーズにあるジオラママットを使用した。

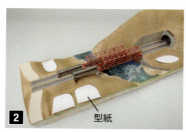

2 型紙で形を写し取る
型紙を使い、耕作地の形を写し取る。写真は切り抜き終えた型紙を仮置きした状態。型紙が決まったら、これに合わせて情景シートを成形していく。

型紙

3 情景シートを貼る
成形した情景シートを貼り込んでいく。接着剤は地面の材質から発泡スチロール用が無難。なお、田畑の畝の方向はほかの田畑と揃えるのが基本だ。

▼ 草を植える

ハゲ山のほぼ全体を覆ってしまう作業です。ただし、草はびっしり撒かず、地面が多少透けて見えるように作業すると、リアルな雰囲気になってきます。

1 "ボンド水"を塗る
草を撒こうとする地面に、まず"ボンド水"を塗る。刷毛や筆を使い、ざっくり塗っていく。広い面積の場合、刷毛の方が効率的だ。

2 草素材を撒く
"ボンド水"が乾かぬうちに草素材を撒いていく。草素材は染料が写るものもあるので、気になる人はビニール手袋をして作業するのがよい。

3 "ボンド水"を滴下
"ボンド水"の草への浸み込み具合を見ながら、必要とあればスポイトで"ボンド水"を滴下していく。撒きすぎると乾燥後に光ってしまうので要注意。

▼ ススキ状の草を植える

先述の草は、オガクズやスポンジ粒のパウダー状素材を使っています。これだけでは変化に乏しいのでススキやアシなどの草も表現してみましょう。

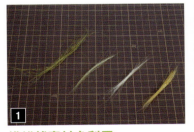

1 繊維状素材を利用
ススキやアシは繊維状の素材を使う。ジオラマ材料としても販売されているが、麻紐をほぐしたものなども利用できる。さまざまな素材を研究したい。

2 束ねて成形
繊維状の素材を適量束ね、ハサミでカットしながら適当な大きさに成形する。地面側となる部分は、長さをそろえてカットする。

3 接着剤を塗る
長さを揃えてカットした断面に木工用接着剤を塗る。束ねたままピンセットでつかみ、接着剤に触れるようにしてつけるのが簡単だ。

4 地面に乗せる
束ねた繊維素材を地面に立てるように置く。②から④までは一連の作業。ピンセットを持ち替えると束ねた繊維材がバラバラになるので要注意。

5 繊維素材をほぐす
接着剤が乾かないうちに繊維素材の先端にちょっと触れるようにして束をほぐしていく。同じ素材でも、このほぐし方の強弱で種の違いが演出できる。

6 アシができあがり
作例は川沿いのアシを想定したもの。同様の作業を繰り返し、葦原を作っていく。完成状態は65ページなどを参照のこと。

次ページに続く➡

LINK p104 ボンド水、p178 川の実物観察

▼樹木を植える

樹木は、情景模型用の製品を使っています。製品は完成品のほか、キットもあります。価格的にはキットのほうがリーズナブルです（154ページ参照）。

1 樹木を植える穴をあける
作例の地面基盤はスタイロフォームなので、千枚通しで簡単に穴があけられる。地面が堅い素材の場合は、キリやドリルなど素材に応じて工夫する。

2 樹木に接着剤を塗る
接着剤はいろいろ工夫のし甲斐があるが、作例は木工用接着剤を使用した。硬化の早いホットメルト接着剤なども便利なのでおすすめだ。

3 根元を補修
根元に接着剤がはみ出たり、地面が破損してしまった場合、草素材や地面と同色のパウダーを撒いて補修しておこう。これは"ボンド水"で固着する。

4 低木はライケンなどで表現
低木はライケンやスポンジ素材（KATO製のフォーリッジ、フォーリッジ・クラスターなど）で表現。接着は木工用接着剤が便利。

5 本物の枯れ枝も使える
庭などで拾い集めた本物の枯れ枝も利用価値が高い。作例では小枝を川岸に打ち上げられた流木に使っている（写真は65ページなど参照）。

6 切株も簡単に作れる
枯れ枝をレザーソーなどで輪切りにすれば、そのまま切株として見立てられる。切断部のささくれはあえて残し、リアルな雰囲気を演出している。

▼信号機などの小物の取りつけ

最後に信号機や架線柱を立てましょう。線路をリアルに演出してくれる重要なアイテムですが、作業中に折ったりしやすいため、最後の工程としました。

1 信号機を接着
作例の信号機は形状だけを再現した製品を利用。配線など不要のため、瞬間接着剤でつけるだけ。信号機が垂直に立つように注意深く作業する。

2 台座部を補修
信号機の台座部も破綻が出やすいポイントだ。草素材や地面と同色のパウダーを撒いて補修しておこう。ここは"ボンド水"で固着する。

3 架線柱も立って完成
信号機や架線柱が立ち、鉄道らしさが増してきた。このほか、キロポストや勾配標などの線路標識、トンネルポータルにトンネル名称札などもつけたい。

LINK p221 ライケン、p208 レザーソー

レイアウト外壁の塗装

Step Up

情景の作り込みが終わったら、最後にレイアウトの外壁を仕上げます。この作業により完成度がぐっと高まり、家庭の棚などに展示してもインテリアの一部として楽しむことができるようになります。よりよいレイアウトをめざし、もう一頑張りです。

情景をスポイルせず上品に仕上げる

レイアウトの外壁の仕上げは、ペンキやニスで塗る、あるいは木目調などの化粧シールを貼るといった方法があります。いずれにせよ、せっかくの情景を台なしにしない色や素材を選ぶのが肝心です。

水性ペンキ仕上げが簡単でおすすめ

ニス塗りは上品な仕上がりが得られますが、塗装前の下準備がかなり大変です。また、化粧シールも手軽な気がしますが、複雑な形状の外壁に貼り込むのは意外に難しく、経年で剥がれてしまうこともあります。ここでは、扱いやすく、また美しい仕上がりが得られる水性ペンキがおすすめです。

外壁の塗装を終えたレイアウト
作例は外壁にえんじ色の水性ペンキを塗った。落ち着いた色調で、レイアウトの情景も一層引き立って見える。これでレイアウトは一応完成だ。

1　家具用の水性ペンキを使用
今回はアーリーアメリカン調の家具用水性ペンキを使用した。派手ではない、落ち着いた仕上がりが得られる。

2　塗装前の下地仕上げ
作業中に付いてしまったプラスターや塗料などを落とし、最後は＃240程度のサンドペーパーで仕上げておく。

3　刷毛目は横縦重ね塗りが基本
外壁のベニヤ板は目が縦になるように張ってある。まず刷毛を横に送り、ベニヤ板の目にも塗料をまわしこむ。

4　仕上げは縦塗りで
全体を一通り塗った後、刷毛を縦に送りながら塗り重ね。作例の塗料は原液のまま、2回塗りで仕上げられた。

夜景の情景を楽しむ

建物に照明を組みこむ
街路灯も極めて効果的

夜のとばりが降り、街の灯がともっていく。駅から旅立つ列車は室内灯をつけ、赤いテールランプが闇の中へと溶けこんでいく…。

レイアウトやジオラマでは、こうした夜の情景を楽しむこともできます。それには単に設置場所を暗くするだけではなく、照明の仕掛けを組みこんでおく必要があります。

比較的設置が簡単で効果的なのは、光源そのものが見える照明塔や外灯です。写真に撮ると光芒（こうぼう）も表現され（右写真参照）、夢を誘います。Nゲージでそのまま利用できる製品も発売されているので、それを使うのが簡単でしょう。

建物の中に組みこんで使う照明装置もあります。これは建物を設置する前に照明装置を組みこんでおきます。ワンタッチで取りつけられるものもありますが、必ずレイアウトへの設置前

麦谷信行さんの「境南鉄道」。構内の情景も美しいが、駅前に出ている屋台の暖簾から漏れる明りも実にいい雰囲気だ。

にテストしておきましょう。壁の隙間などから光がもれ、興ざめになってしまうものもあります。こんなときはアルミホイルを内貼りするなど工夫しましょう。車両への照明は各社のカタログや33ページをご覧ください。

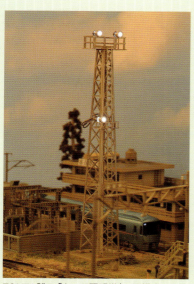

TOMIX製の「ヤード照明塔」。駅構内やヤードなどで使用する。高さは163mm。

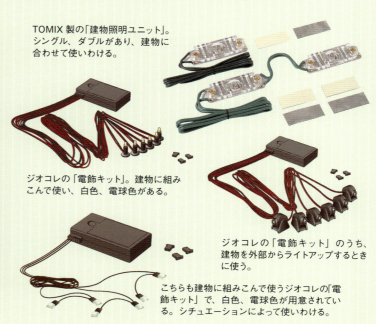

TOMIX製の「建物照明ユニット」。シングル、ダブルがあり、建物に合わせて使いわける。

ジオコレの「電飾キット」。建物に組みこんで使い、白色、電球色がある。

ジオコレの「電飾キット」のうち、建物を外部からライトアップするときに使う。

こちらも建物に組みこんで使うジオコレの「電飾キット」で、白色、電球色が用意されている。シチュエーションによって使いわける。

第3章

初めてでもできる
レイアウト製作Ⅱ

運転が可能な自分だけのレイアウトを作ってみましょう。市販されている900×600㎜のレイアウトボードを使って作ります。限られたスペースの中にエンドレスの線路を組み込み、いろいろな情景を盛り込んであります。ローカル線をモチーフにして海、山、そして街とたくさんの情景を作っています。プランニングから各工作を順をおって紹介しています。

海辺のある情景
900×600㎜レイアウト

ローカル線をモチーフとして900×600mmというスペースに海、山、そして街とたくさんの情景を盛り込んでいます。実際に海となっている面積はわずかなものですが、広大な海を感じていただけるでしょうか。

⬅ トンネルを抜け、海辺に躍り出たディーゼルカー。急なSカーブも地形の険しさを物語る。海沿いの線路は防波堤で守られ、そこには消波ブロックも見える。

➡ 田んぼのわきを走る赤い電車。初夏をイメージさせる情景だ。家並みの背後に続く森はさまざまな素材の樹木で構成、単調にならないよう注意を払って製作。

小さな桟橋を中心とした港の情景。ここではジオコレをはじめ、各社の製品を活用しているが、桟橋などはプラ材から自作している。

駅前の通りは木造旅館を中心にクラシカルな街並みが続く。この建物はTOMIX、ジオコレ、KATOなどの製品利用。ミニカーも昭和40年代前後に統一すると、時代を感じさせる空気感が漂ってくる。

港には引込線があり、貨物扱いの上屋などが並んでいる。タンク類はやや新しいデザインだが、色調も含めて港のアイキャッチとなった。このあたりの建物は津川洋行、KATO、ジオコレ製品を適宜活用している。

神社へは階段となった参道が続く。こうした階段は地形に変化をつけるアイテムとなる。参道わきの緑も神域を感じさせる密度を出した。

駅構内へと入っていくディーゼル機関車。デッキには操車係が乗務、貨車入換の作業中といった情景。レイアウトではこうして車両に人形を乗せるのも効果的だ。できればすべての車両に乗務員を乗せたい。

▶トンネルを抜けてSカーブにさしかかるディーゼルカー。ローカル線ではできるだけ地形に逆らわず線路が敷設される。このカーブが魅力となる。

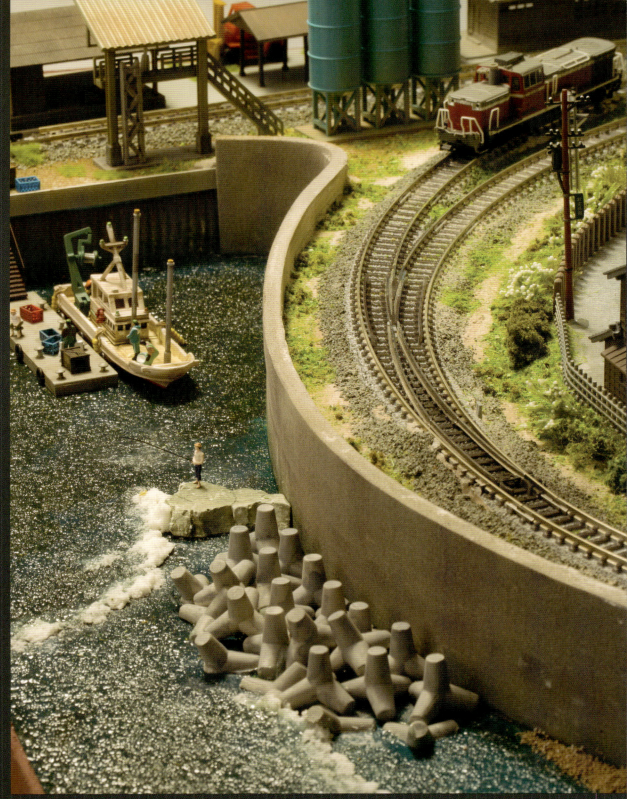

海の仕上げも見どころとなるが、美しい曲線を描き本線から駅構内へと進む線路にも注目したい。線形の魅力をたんのうさせてくれる。

真上

左サイド

レイアウトの
全景を見る

正面

下写真の左上を頂点として中央部に山並みが続く。これで上下の情景が二分され、見る角度によって違った景色になるのだ。また、港に入る引込線はレイアウトの辺に対して斜めに敷設されている。これもレイアウトの情景に変化をつけるコツのひとつだ。なお、前ページのグラフで見た海は、実はこんな面積で作られている。900×600mmというスペースにエンドレスを組み込むとこれが限界に近い。

裏面

右サイド

Step 1

900×600mmレイアウトの作り方

今度は市販されている900×600mmのレイアウトボードを使い、単体でも運転可能なレイアウトを作ってみましょう。線路はエンドレスを基本に工夫を重ねてあります。車両は小型車両が中心となってしまいましたが、レイアウトの楽しさは十分味わうことができます。

線路配置はエンドレス

小型レイアウトでもロングランが楽しめる

　KATOやTOMIXから発売されている900×600mmのレイアウトボードは、レイアウトの夢を拡げてくれる素晴らしい製品です。このスペースには、工夫次第でエンドレスの線路を敷設することもできます。小型レイアウトの場合、列車の走っているシーンをゆっくり鑑賞するにはエンドレスの線形が必須と考えます。ロングランを楽しむなら周回運転すればよいのです。線路延長が短いため、編成などに制約も出てしまいますが、とにかく列車を走らせることができます。つまり、このレイアウトボード1枚で運転も楽しめるNゲージのレイアウトが実現可能なのです。

　さらにこんなスペースでもいろいろな情景を盛りこむことができます。もちろん、スペースの制約からひとつひとつの情景はコンパクトなものになってしまいますが、こうした見せ場が多いほどレイアウトも魅力的なものになってきます。ここでもいろいろな写真を集めながら、再現したい情景のイメージを膨らませていきました。特に海岸線ギリギリを走る呉線の車窓が、このレイアウトのメインモチーフとなりました。

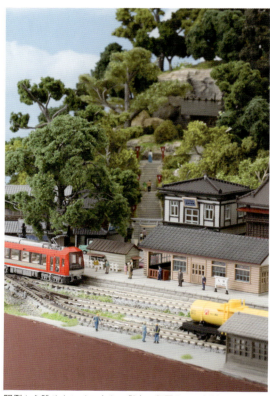

駅側から眺めたレイアウト。貨車の留置された側線があり、ちょうど電車が到着したところ。ホームのわきにはシンボリックな巨木も立っている。その先には集落の間を抜けて山の神社に向かう階段となった参道が続く。そんな情景が楽しめるのだ。

市販されているレイアウトボード

KATO製の「レイアウトパネル」。ベニヤ板と角材を組んだ構造。大きさは900×600mm。

TOMIX製の「レイアウトボード」。大きさはKATO製の「レイアウトパネル」と同一だ。

▶ 情景のモチーフ

❶呉線の安芸幸崎〜忠海間では瀬戸内海のすぐわきを走る。この写真が作例の重要なモチーフとなった。❷消波ブロックのある海岸。
❸今はなき清水港線の清水埠頭駅の情景。広々とした構内に貨車が留置されていた。❹四日市港で見つけた小さな桟橋。これも再現。

900×600mmのスペースに展開するレイアウト。上に紹介した実物写真と比較すると、いろいろな情景のエッセンスを盛りこんでいることがわかる。

Step 2 プランニング（エンドレスレイアウト編）

前回のモジュールレイアウトでもご紹介しましたが、Ｎゲージのレイアウトを作る場合、KATOやTOMIXから発売されている道床付き線路を使用、仮組みしながら線路配置を考えるのがおすすめです。プランを原寸大で検討できるので、ビギナーでも安心して作業を進められます。

材料を用意する

プランニングの際に必要となるのは、大きさを決めるベースボードと線路です。線路は使用予定より多めに用意しておくと、線路配置の変更検討もできます。余分の線路がないときは、線路寸法のわかるカタログを参考にしましょう。

使いたい建物などもどんどん集めていこう

プランニングは、どのようなレイアウトに仕上げていくのか、構想を練っていく工程です。特に走らせたいと思う車両、使ってみたいと思う建物は、できる限り集めておくことをおすすめします。車両や建物を見ているだけで、それらが存在する情景のイメージが膨らんできます。

レイアウト製作に向けて集めたもの。実際の工作ではさらに追加している一方、使えずに次回に向けたストックとなったものも多い。

初めてのレイアウトなら道床付き線路がベスト

レイアウトには列車を走らせる目的もあります。とはいえ、線路配置は単純に機能性を求めるだけではなく、自然で美しい形状に敷設されるよう配慮することも重要です。道床付き線路で試行錯誤しながら考えをまとめていきます。

基本とする曲線で線路配置を考えていく

線路配置のプランニングは、レイアウト設計の要となります。ビギナーの場合、道床付き線路を実際に使うベースボードの上に並べ、原寸大で考えていくのが確実です。

作例のように本線をエンドレスとする時、最初は単純な円形をふたつ作り、その円をどのように配置、またどのようにつなげていくか考えていくとよいでしょう。これは900×600mmという小型レイアウトに限らず、広く応用の効く考え方です。

> プランニング時にはスペースの見当をつけるためレイアウトボードも用意。

曲線線路はさまざまな半径があると便利
線路配置を考える時、線路は多めに用意した方が試行錯誤しながらイメージを広げやすい。特に曲線は多め、ポイントは必要数用意する。

LINK ▶ p29 各社カタログ

▼ 線路をつないで線路配置を検討

⊕ 電動ポイントでは操作用の配線処理も合わせて検討しておこう。

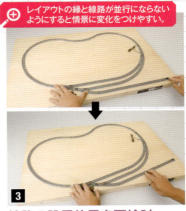
⊕ レイアウトの縁と線路が並行にならないようにすると情景に変化をつけやすい。

1 ざっくり並べてからつなぐ
まずは線路をつなげず、さっくり並べて検討する。線路配置の構想がまとまったら実際に線路をつないでいく。

2 ポイントまわりは要注意
ポイントまわりは線路間隔の確保など制約がどうしても多くなる。製品説明書なども参考にしながら組み方を研究。

3 線路の設置位置を再検討
同じ線路配置でも全体に回転したり、左右前後にちょっと移動することでイメージが変わる。最終的な位置を決め込む。

▼ 山や建物などの位置も検討していこう

1 海や川は紙を置いて検討
作例は右側に海を作ることにした。適当な紙を使って海の形状を検討していく。川なども同様の手法で検討するとよい。

2 山はタオルを置いて検討
起伏のある山はタオルを置いてイメージを確認する。これによりトンネルや切通しの位置なども検討できる。

3 建物の配置も考えていこう
続いて建物の配置も検討。建物が完成状態になっていると検討しやすいが、箱を並べていくだけでもイメージが膨らむ。

Attention

線路配置が決まったら入線予定車両で試運転

線路配置が決まった段階で試運転も欠かせません。直線部なら基本的に問題はありませんが、曲線やポイントをスムースに通過するかどうか十分にチェックします。万が一、入線予定車両が走行できなければ、曲線を大きな半径に変更、ポイントを緩いものに交換する、あるいは入線車両を変更するといったことを考えなければなりません。

試運転は動力車1両だけでなく編成状態の列車も走らせること。編成になると不具合が出てくるケースもあるので要注意。

プランの詳細を チェックしてみよう！

この作例は市販されている900×600mmのレイアウトボード1枚にまとめたものです。運転を楽しむエンドレスになった本線を組み込むレイアウトとしては小さなものですが、工夫次第でさまざまな情景を表現することができます。

完成

線路プラン図（900×600mm）

S177-60
S177-60
S18.5
S18.5
S177-60
C280-15
N-CPR317/280-45
N-PY280-15　S33　S140　C280-45
C243-45
C280-15
N-PL140-30　C140-30　S280　エンドロールE

曲線とポイントの使い方に注目したい

駅には3つのポイントを設け、貨物も扱う中規模の一般駅といった雰囲気を演出した。駅と反対側の本線は地形に逆らわないローカル線ならではのSカーブを表現。曲線の間に短い直線も入れ、自然な線形をめざしている。

山、海、街並み 盛りだくさんな情景

作例は900×600mmという限られたスペースでもNゲージならこれぐらいできる…といった挑戦のようなレイアウトです。

基本となる線路配置はエンドレスですが、カーブポイントやSカーブを駆使して線路が自然でかつ美しく見えるように考えています。特にカーブポイントは魅力的です（117ページのグラフ参照）。一方、構造的には意外に大きく、900×600mmに組みこむのに苦労しました。幸いTOMIXの線路では「ミニカーブレール」などと呼ばれる急曲線のラインナップも豊富で、うまくつじつまを合わせること

◆このレイアウトに使った主な材料

※2016年9月調べ

品　名	メーカー名	個数	単価（税込）	合計（税込）	備考
●線路関係					
直線線路　ストレートレール　S280	TOMIX		¥0	¥0	1本使用（ミニレールセット91082に付属）
〃　　　S140	TOMIX	1	¥346	¥346	2本入り（2本使用）
〃　　　S70	TOMIX		¥0	¥0	1本使用（ミニレールセット91082に付属）
〃　　　S33（端数レールセット）	TOMIX	1	¥605	¥605	2本使用（端数レールセットに2本付属）
〃　　　S18.5（端数レールセット）	TOMIX		¥0	¥0	2本使用（端数レールセットに2本付属）
曲線線路　カーブレール　C280-45	TOMIX	1	¥432	¥432	2本入り（2本使用）
〃　　　C280-15	TOMIX	1	¥389	¥389	2本入り（2本使用）
〃　　　C243-45	TOMIX	1	¥432	¥432	2本入り（1本使用）
〃　　　ミニカーブレール　C177-60	TOMIX	1	¥821	¥821	C177-60＆C177-30×各2本入り（5本使用）
〃　　　C140-30	TOMIX		¥0	¥0	1本使用（ミニレールセット91082に付属）
ポイント　N-CPR317/280-45	TOMIX	1	¥3,780	¥3,780	
ポイント　N-PY280-15	TOMIX	1	¥2,592	¥2,592	
ポイント　PL140-30（ミニレールセット91082）	TOMIX	1	¥3,780	¥3,780	1本使用（ミニレールセット91082に付属）、左記の価格は91082
エンドレールE	TOMIX	1	¥324	¥324	
●台枠関係					
レイアウトボード	TOMIX	1	¥3,240	¥3,240	900×600mmサイズ
30mm厚発泡スチロール板（スタイロフォーム）		2	¥1,500	¥3,000	900×600mmサイズ
3mm厚ベニア板		1	¥850	¥850	900×900mmサイズ
外壁仕上げ用塗料		1	¥463	¥463	
●地形素材関係					
プラスタークロス	KATO	2	¥1,620	¥3,240	
シーナリープラスター	TOMIX	1	¥648	¥648	
バラスト（細目）	KATO	1	¥756	¥756	
●建物関係					
木造駅舎セット	TOMIX	1	¥1,080	¥1,080	
出桁造りの商店	KATO	1	¥2,160	¥2,160	
出桁造りの食堂	KATO	1	¥2,160	¥2,160	
神社	トミーテック	1	¥4,860	¥4,860	ジオコレ
魚屋	トミーテック	1	¥2,160	¥2,160	ジオコレ、八百屋・純喫茶付き
医院	トミーテック	1	¥1,080	¥1,080	ジオコレ、洋館住宅付き
駅前旅館	トミーテック	1	¥1,058	¥1,058	ジオコレ
写真館	トミーテック	1	¥864	¥864	ジオコレ、製品は理髪店付き
郵便局	トミーテック	1	¥864	¥864	ジオコレ、製品は薬局付き
駅前バス待合所	トミーテック	1	¥842	¥842	ジオコレ
トンネルポータル　単線用石積み	津川洋行	1	¥540	¥540	2個入り
三灯式信号機	津川洋行	2	¥540	¥1,080	2本入り
踏切	津川洋行	1	¥648	¥648	2本入り
擁壁素材	グリーンマックス	3	¥216	¥648	
●樹木・草関係					
樹木キット広葉樹（中）	KATO	4	¥2,808	¥11,232	14本入り
カラーパウダー（各色）	TOMIX	5	¥216	¥1,080	14本入り
ターフ（各色）	KATO	3	¥648	¥1,944	
コースターフ（各色）	KATO	3	¥648	¥1,944	
フォーリッジ（各色）	KATO	2	¥756	¥1,512	
ライケン（各色）	KATO	1	¥1,728	¥1,728	
●水関係					
グレイペイント　アクアシリーズ	ターナー	3	¥432	¥1,296	
合　計				¥66,478	

ができました。

　また、海や山などは全体を作るのではなく、その特徴的な一部を作ることで全体を想像させることに徹しています。

　これにより900×600㎜のスペースにもたくさんの表現ができるのです。こうして見どころの数を増やしていくことが、レイアウトの楽しさにもつながっていきます。いろいろな要素をいかに自然に組みこんでいくかが、レイアウト作りのコツともいえるでしょう。

Step 3 路盤作りと地形の基礎工作

レイアウトは一般に線路を敷く路盤から作り始めます。線路を正確に敷設するにはしっかりした路盤が重要で、レイアウト工作の最初の要ともいえる工程です。作例は家屋の断熱材などに使われるスタイロフォーム（発泡スチロールの一種）を路盤の材料として使用しました。

路盤はスタイロフォーム

スタイロフォームは断熱材などに利用される発泡スチロールの一種です。普通の発泡スチロールより目が細かく、強度もあります。ホームセンターなどで入手でき、厚さも各種揃っています。加工しやすい点も大きなメリットです。

海を表現するため路盤面を嵩あげする

レイアウトは市販のベースボード上に製作していきますが、作例では線路の路盤面より低い位置に海があります。そこで海面をベースボード面として、線路の路盤面はベースボード面より30mm高い位置に設定、スタイロフォームで嵩上げします。このスタイロフォームは線路の路盤だけでなく、駅周辺の街並みの基盤ともなります。

スタイロフォーム取りつけ完了
ベースボードに成形したスタイロフォームを取りつけ終えたところ。写真右側のベニヤ板となっているところが一段下がった海面となる。

▼ 線路配置を描く

スタイロフォームの加工に入る前に、まず線路配置を描きます。設計通りに線路を組み上げ、線路を定規としてトレースするのが簡単です。

1 線路を組み上げ仮置き
スタイロフォームに組み上げた線路を仮置き。位置は正確に置くこと。

2 線路位置をトレース
油性サインペンなどで線路の縁をトレース、スタイロフォームに位置を描く。

3 配線位置も記しておく
線路に電気を流すフィーダー、ポイント制御用配線の位置なども記す。

4 地形などのイメージも描く
線路関係の書きこみを終えたあと、地形のイメージも描きこんでいく。

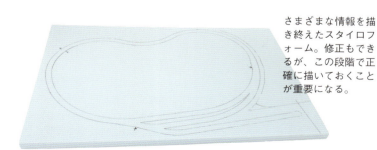

さまざまな情報を描き終えたスタイロフォーム。修正もできるが、この段階で正確に描いておくことが重要になる。

▼ スタイロフォームを加工する

海となる部分をスタイロフォームから切り取っていきます。続いてフィーダーなど配線用の穴もあけておきます。

> ⊕ カッターナイフで切る時は大刃のカッターを使うと安定して加工しやすい。

> ⊕ 切断したスタイロフォームの端材は利用価値が多いので保管しておく。

1 スタイロフォームを成形
スタイロフォームはニクロム線を利用した発泡スチロールカッターで切るのがおすすめだ。作例に使った2cm厚でも簡単に切断できる。

2 少しずつ成形していく
発泡スチロールカッターはアゴの深さまでしか切断できない。より深く切り込んでいくときは、一度で切ろうとせず、少しずつ成形していけばよい。

3 配線用の穴もあけておく
フィーダーなど電気配線用の穴もこの段階であけておく。ベースボードにつけた後でも加工できないわけではないが、穴が深くなり、作業は大変だ。

▼ ベースボードにも配線用の穴あけ

フィーダーなどの電気配線はベースボードの裏側に通しておくと情景を損なうことなくすっきりと仕上げられます。

1 穴の位置を確認
ベースボードとスタイロフォームを所定の位置に仮配置して穴の位置を油性サインペンなどで記す。

2 ベースボードに穴あけ
市販のベースボードはベニヤ板と角材でパネル状に作られている。天板はベニヤ板なのでカッターナイフで切り抜くこともできるため、貫通も簡単。

3 穴の大きさを確認する
配線用の穴は電線が通るだけではだめだ。電線の先に付いているコネクターが通らねば意味がない。穴をあけ終えたら、実際にコネクターが通るか確認しよう。

▼ ベースボードにスタイロフォームを接着

スタイロフォームの成形や穴あけが終わったらベースボードに接着します。この接着は木工用接着剤がおすすめです。接着剤はスタイロフォームに塗ります。

1 両面テープも併用するのがコツ
ベースボードとスタイロフォームは木工用接着剤で接着する。ただし、面積が広いと木工用接着剤はなかなか硬化しない。両面テープを併用して硬化までのずれを防ぐ。

2 所定位置に重ねて圧着
木工用接着剤はヘラなどで延ばして両面に均一に塗ること。塗り終えたら両面テープの準備をして所定位置に重ねる。接着剤が硬化するまで水平に置いたまま、ずれを防ぐ。

次ページに続く ➡

LINK ▶ p209 発泡スチロールカッター

▼ ベニヤ板製の外壁も取りつける

この段階でベニヤ板製の外壁も取りつけてしまいましょう。これにより山などの構造も強度が出て、製作中の破損も防げます。

1 外壁は型紙を作って形状を検討
外壁は3mm程度の薄いベニヤ板で作ったが、最初から形を作るのは難しい。一旦、型紙を作り、それで形状を検討する。この型紙はある程度、腰のある紙が使いやすい。

2 型紙にイメージする稜線(りょうせん)を描く
型紙に油性サインペンなどでイメージする稜線を描いていく。この段階で形状を一度検討。満足できる形になったら型紙を切り抜き、再度レイアウトに当てて検討する。

▼ ベニヤ板を切り抜く

型紙によって外壁の形状が決まったら、その形をベニヤ板に写し取ってベニヤ板を成形します。

＋ ベニヤ板から外壁を切り抜く際、板の目にも注意。作例はすべて縦に揃えた。

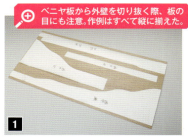

1 ベニヤ板に型紙を仮止め
ベニヤ板に型紙を貼りつけます。接着剤は使わず、マスキングテープなどで周囲を簡単に止めるだけで十分です。

2 ベニヤ板を成形
作例は3mm厚のベニヤ板を使用した。このぐらいの厚さならカッターナイフで切り出せる。大刃のカッターを使うと、力も入り、加工しやすい。

3 成形を終えたベニヤ板
型紙通りに成形を終えたベニヤ板。コーナー部は切断面を45度に成形する「止め組」が美しいが、工作は若干面倒。作例は工作が簡単な組み方とした。

▼ 外壁を取りつける

ベニヤ板を成形して作った外壁をベースボードに取りつけます。木工用接着剤と小釘でがっちりと取りつけました。

＋ 釘の頭が気になる人は、釘の頭を平たく潰した「つぶし釘」にするといい。

1 木工用接着剤を塗る
接着面に木工用接着剤を塗る。チューブから出して塗るだけではなく、ヘラなどで均一に延ばすこと。

2 圧着後、小釘を打つ
外壁をベースボードに圧着後、要所に小釘を打っていく。接着剤も効いているので、各面3本ぐらい打ちこめば強度は十分だが、状況を見て不安なら増やす。

3 外壁の取りつけが完了
外壁の取りつけを終えたレイアウトボード。外壁のコーナー部は内側に木工用接着剤をすり込んでおく。強度的に不安なら角材などを当てて補強しておく。

Step 4 線路を取りつける

第2章で紹介したモジュールレイアウトは地形ができあがったところで線路を取りつけましたが、このレイアウトではこの段階で取りつけることにしました。線路を取りつけるタイミングに決まりはなく、地形の構造やほかの工作との兼ね合いで作品に合わせて判断してください。

線路の取りつけは接着剤が簡単

線路、特に道床付き線路の取りつけは接着剤が便利です。ちょっと不安にも思える手法ですが、強度に不安はありません。作例の場合、路盤がスタイロフォームなので、素材を侵さない発泡スチロール用接着剤を使いました。

線路配線の複雑なポイントまわりから取りつけ

ポイントなどが集中する駅などは線路配線上の要となるケースが多いと思います。線路の取りつけはこのあたりから進めていくとよいでしょう。なお、発泡スチロール用接着剤は硬化まで多少時間があります。作例の規模のレイアウトなら線路取りつけ後に多少ずらすなどの補正も可能です。

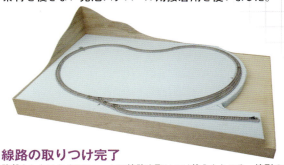

線路の取りつけ完了
路盤としたスタイロフォームに線路を取りつけ終えたところ。線形の美しさにこだわったカーブポイントやSカーブの様子もわかるだろう。

1 線路は接着剤で取りつけ
作例の路盤はスタイロフォームなので発泡スチロール用接着剤を使用した。

2 接着後、ピンで仮止め
線路の接着後は水平に置いておく。さらにピンで仮止め、硬化までずれを防ぐ。

3 フィーダーも取りつけ
線路に電気を流すフィーダーも取りつけ、配線は穴を通して裏側にまとめる。

配線はベースボードの裏側にまとめ、テープでとめておくと工作がしやすい。

CHECK トンネル内の線路メンテナンス

レイアウトでは、列車を運転するため、線路整備が欠かせません。そのためトンネルで被われる区間には配慮が必要です。トンネルポータルから10cmぐらいまでは清掃棒などで作業が可能です。逆に20cmを超えるトンネルでは作業方法を考えねばなりません。例えば、山全体を蓋のように外せる構造にする、外壁に作業口を開けておくなどといった方法が考えられます。なお、作例はトンネル長が短いため、トンネルポータルから作業しています。

トンネル内メンテナンスの工夫。左は外壁に蓋つきの作業口を設置。下は山全体が蓋のように外れ、線路が見えるようになっている。

LINK p68 モジュールレイアウト、p41 フィーダー

Step 5 トンネル

レイアウトにとって、トンネルは見どころになると共に線路を隠すことで限られたスペースの情景を広く見せる効果もあります。トンネルは、ポータル、内壁、そしてトンネルを覆う地形の順に作っていきます。実は、この工作順序ゆえ、自然な形に仕上げるのが難しくもあります。

自然な地形をめざして設計

実物のトンネルは、山を切り拓き、出入り口を確保して掘り進んで作ります。しかし、模型のトンネルは後から山を作ることになります。自然な山容になるよう、123ページで紹介したタオルなどでイメージを固めてから作業に入りましょう。

線路メンテナンスも考えトンネルの構造を決める

模型のトンネルの構造は、右の写真のようなもので、さらに天井をのせれば完成です。内壁は馬蹄形にはせず、簡単に作ってあります。実は遮光することが目的で、できあがってしまうと、こんなものでもそれらしく見えます。また、トンネルの天井部を支える構造は山の骨組みと共に作ります。

レイアウトのトンネルは、見どころとなるポイントではありますが、その一方、線路メンテナンスの障害にもなります。トンネルによって快調な運転ができなくなれば本末転倒です。作例のトンネルは全長20cm足らず。清掃などは出入り口からできると判断して完全にふさぐ構造としましたが、長いトンネルではメンテナンスの作業方法も検討しましょう。

例えば外壁に窓を開け、そこから作業するよう

トンネルポータルと内壁を取りつけた状態。内壁がないと舞台裏となるトンネル内部が見え、興ざめになる。同じ理由からトンネル内部の路盤も黒く塗装してある。

な構造、またトンネル上の山を蓋のようにそっくり外せる構造も考えられます（129ページコラム参照）。こうした構造は作ろうとする山の規模、トンネルの長さなどから判断して各自で工夫してみてください。

▼ トンネルポータルを塗装

トンネルポータルは製品を利用しましたが、取りつけ前に色調を調整、さらに好みによってウエザリングも施します。

1 トンネルポータルは製品利用
作例のトンネルポータルは津川洋行の製品を利用した。数種発売されており、石積み単線用を選択。つや消しの塗装で石積みの雰囲気もよく出ている。

2 スミ入れとドライブラシ
トンネルポータルは取りつける前にスミ入れやドライブラシで質感を演出しておこう。取りつけ後にも作業はできるが、部品状態の方が作業しやすい。

3 質感がぐっとアップ
スミ入れやドライブラシを施した効果を見ていただこう。上が作業後、下が作業前の姿だ。色調に変化がつき、さらに凹凸も際立っていることがわかる。

LINK p87 スミ入れとドライブラシ

▼ トンネルポータルを取りつけ

トンネルポータルの取りつけは、置いてつけただけでは強度が出ません。状況にあった取りつけ方法を工夫しましょう。

1 竹串で支える
トンネルポータルの底面に接着剤（作例では発泡スチロール用接着剤）を塗り、所定の位置に取りつける。前後に竹串を打ち、固着までの支えとする。

内側の竹串の余った部分は、ニッパーなどを使用して切断しておく。

2 内側の竹串は支柱にする
トンネルポータル前面の竹串は固着までの仮止めだが、内側の竹串はそのまま支柱にしてしまう。刺すときに接着剤を塗り、さらにホットメルトで固定。

3 外壁を支えにする
外壁のそばに設置する場合、外壁を支えにすることも考えよう。これは外壁自体の強度を出しことにもなり、一石二鳥だ。

▼ トンネル内部の作りこみ

トンネル内部を黒く遮光します。ヘッドライトを点してトンネルを通過する列車を楽しむためには欠かせない工程です。

塗料が線路についてしまうと、車両の走行不良の原因になるので注意する。

1 路盤を黒く塗る
路盤としたスタイロフォームは明るい青、そのままではトンネル内でもよく目立つ。トンネルとなる部分を中心にアクリル絵の具などで黒く塗っておく。

2 壁面は黒い紙を利用
トンネル内部の壁面は黒い紙で作る。適当な紙がなければ、ボール紙などをつや消し黒に塗って使う。線路との間隔は車両に当たらないように。

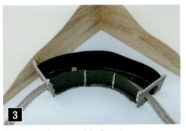

3 壁面の支えは竹串で
壁面の支えは竹串利用が簡単。木工用接着剤を塗った竹串を壁の外側に適宜立てていく。これで十分実用になる強度が出せる。

POINT

トンネルポータルはシチュエーションで使いわける

トンネルの出入り口となるトンネルポータルは、各社から製品が発売されています。レンガ積みや石積み、そしてコンクリートなど素材の違いのほか、単線、複線、電化、非電化などの違いもあります。作ろうとする情景の設定年代、線路の状況などからどのポータルが似合うか検討しましょう。

トンネルポータルの製品例。上段はレンガ積みの単線および複線。下段は石積み単線、コンクリート製複線。

LINK ≫ p213 ホットメルト

Step 6 道路まわり

線路まわりの工作を終えたところで、今度は道路まわりの工作に進みます。街並みとなるところでは道路と建物が密接に関係するため、いろいろな配慮が必要となります。勢い工作も難しくなりますが、ここでも型紙を活用することで比較的簡単に工作を進めることができます。

道路は厚紙で製作

レイアウトやジオラマの道路表現にはいろいろな方法がありますが、作例では厚紙によってアスファルトやコンクリートの舗装道路を作ってみました。厚紙は表面のざらつきの少ないものを選びます。

道路表現は素材選びと道路面高さの調整がポイント

レイアウトやジオラマとして道路を作るとき、いちばん重要なポイントは道路面をどう仕上げるか？ ということです。実は舗装、未舗装を問わずNゲージの道路表現に使えるシート状の素材がいろいろ製品化されています。また、KATOのジオタウンのように建物の設置場所と一体になった道路プレートも発売されています。手っ取り早いのは、こういった素材の利用です（作例は203ページ参照）。

今回の作例では緩やかなカーブを描く街並みを表現するため、こうした素材では対応しにくいと考え、厚紙で作ることにしました。ただし、厚紙といっても種類は極めて多く、選択に迷います。あまり難しく考えず、Nゲージのスケール感で表面のざらつきが違和感ないものであればよいでしょう。今回はいわゆるボール紙を使用しました。表面を塗装してアスファルトやコンクリートの舗装状態を表現しています。

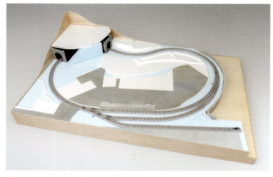

道路関係の取りつけが完了
作例の道路はすべて舗装状態だが、中央部に続く道路はアスファルト、右手前の三角地帯はコンクリートというイメージで色調を変えている。

素材が決まったところで、道路基盤も考えましょう。実は道路面は線路のレール面、あるいは建物基盤面との整合性も必要で、多くの場合、高さの調整が必要になってきます。作例のように平坦な道路の場合、適当な厚みの基盤を挟んで調整します。また、坂道ともなれば、それに合わせた構造の工夫も必要になります。

道路予定地の型紙を作成、その上に建物を並べて位置関係を検討中。高台には神社を配置した。境内に続く階段の状態などもこの段階で検討しておくとよい。

LINK p203 KATOのジオタウン

▼ 建物の配置を検討

道路予定地に大まかな型紙を敷き、その上に建物を並べながら配置を検討していきます。建物は完成状態の方がイメージをつかみやすいでしょう。

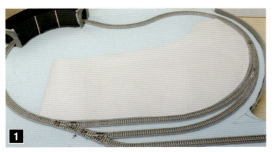

1 道路用の型紙を作る
道路面となる部分を被う型紙を用意する。線路との位置関係は正確に決め込んであるが、建物側はその配置によって変わってくるので、この段階では大きめにしてある。

2 型紙の上に建物を仮置き
型紙の上に建物を置き、街並みの様子を検討。この段階で道路の幅なども決まってしまうため、四方から眺め細かく位置調整。そのため、建物は完成状態が望ましい。

3 建物位置を描き込む
型紙に建物の位置を写し取っていく。すべての建物の位置を記入していくが、途中でずれが生じないように慎重に作業すること。

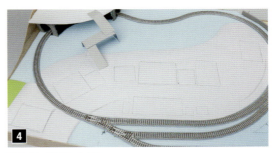

4 型紙に記入完了
型紙にすべての建物の位置を写し終えた状態。写真では神社の階段なども検討中だ。建物の背後の型紙は基本的に不要なので、次の作業に進む前に建物位置でカット。

▼ 道路素材などを成形

型紙に合わせ、道路素材および道路の下に敷く基盤素材を成形します。基盤素材は建物の基盤にもなるため、道路素材と形の異なる場合もあります。

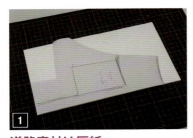

1 道路素材は厚紙
作例の道路素材はボール紙。イラストボードなどの利用も考えられる。表面の状態、加工のしやすさ、塗装のしやすさなどから紙を選ぶ。写真は左角部分。

2 型紙に合わせて成形
道路素材を型紙に合わせて成形。カッターナイフで容易に成形できる素材が扱いやすい。カッターナイフを使うときはカッター台を使うとよい。

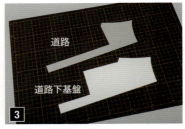

3 道路下基盤も成形
道路下の基盤素材も型紙に合わせて成形。作例の基盤素材は発泡スチロール板を使用した。道路素材の厚みなどから適切な厚みの素材を選ぶ。作例は3㎜。

次ページに続く ➡

▼ 道路素材を加工する

作例の道路素材はボール紙ですが、塗装によってアスファルト舗装あるいはコンクリート舗装の道路らしく仕上げています。

塗装で道路の質感を出す
道路素材のボール紙を塗装。塗料はアクリル缶スプレーを使用。グレー系の色を使うが、アスファルトは黒め、コンクリートは白めの塗料で、その差を出してみた。

コンクリート舗装は目地もポイント
コンクリート舗装の場合、一定間隔で目地（継ぎ目）が入っているものが多い。目地はアスファルトが多く、この様子は細いマジックインキで描いて表現してみた。

▼ 道路素材などを取りつけ

道路の下の基盤、道路素材の順に取りつけていきます。浮いてしまうと修正が大変なので、しっかり取りつけましょう。

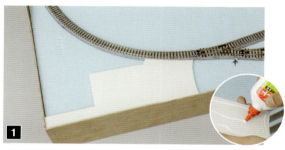

最初に道路下基盤を取りつけ
作例の道路基盤は発泡スチロール板だ。ハレパネ（のりつきパネル）のように粘着剤が付いた材料もあるが、それだけに頼らず、木工用接着剤なども併用して固着したい。

ピンで仮止めして固着
作例は粘着力の期待できる木工用接着剤で接着した。発泡スチロール同士の固着はけっこう時間がかかるので、ピンを打ってずれないように保持した。

> ボール紙を木工用接着剤で接着する時は、接着剤を極力少なめに使うこと。

プラットホームを取りつけ
作例では駅のプラットホームが道路面とも絡んでくるため、この段階でホームパーツを取りつけた。この接着は発泡スチロール用接着剤で行なっている。

道路を取りつけ
道路素材を道路基盤上に貼り付ける。作例の道路素材はボール紙。裏面は塗装していないので、水を吸いやすい。そのため、接着は発泡スチロール用接着剤を使用した。

LINK p212 接着剤の種類

▼ 階段を作る

山の一部は切り拓いた平地として、ここに神社を建てることにしました。地元を守る鎮守といったところです。道路から神社までは階段で結びますが、こうした構造物が入ることでレイアウトの地形が複雑に見え、単調さの解消にもなります。

工作はまず高台の平地を作り、それから階段を作っていきました。階段は歩道橋の部品を利用しています。

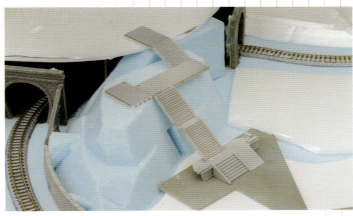

階段の取りつけが完了
階段の踏み面となる素材をすべてつけ終わったところ。何種類もの素材をつなげ、複雑な階段となっているのがよくわかる。現状は空に浮いた状態になっているところもあるが、これは山を作るとき、地形の中に埋めこむ形に成形していく。

1 高台位置を検討
高台は発泡スチロール板で作った。適当なサイズに切り出し、イメージを確認する。作例ではトンネルの天井のような構造となった。

2 高台の脚部を作る
高台の発泡スチロール板を支える脚を作る。これはスタイロフォームの端材を活用したもの。木工用接着剤で接着、さらに上から竹串を打ち込み、補強した。

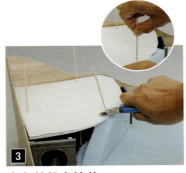

3 高台基盤を接着
高台を支える脚に発泡スチロール板を木工用接着剤で接着する。ここでも竹串を打ち込み、補強。余分な竹串はニッパーで切断、隠し釘状態にしておく。

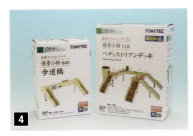

4 階段に利用した製品
神社に登っていく階段は、歩道橋として発売されている製品の階段部を流用した。ジオコレの大型歩道橋、ペディストリアンデッキなども利用できる。

5 利用したパーツ
作例はジオコレのペディストリアンデッキを利用した。写真のようなパーツが含まれており、これを神社の階段に見立てて設置している。

6 階段を取りつける
高台に向かい階段を取りつけ。階段の最下段はTOMIXの木造駅舎に付属しているパーツ。今回、駅部分では使わないため、こちらに転用した。

次ページに続く➡

LINK p171 ペディストリアンデッキ

▼ 田畑の基盤を作る

　道路まわりの工作が終了したら、次は山の製作に入ります。しかし、その前にこの段階で作っておく、あるいは取りつけておく方がよいものもあります。

　例えば、田畑の基盤です。特に階段状の段々畑はこの段階で基盤を作ってしまいます。さらに切通しなどに設けられる擁壁、海との仕切りとなる岸壁（144ページ参照）なども先につけてしまいます。

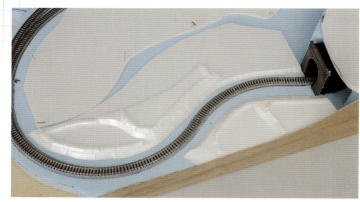

段々畑らしく見えてきた
畑の基盤を階段状に取りつけ、段々畑を表現する。縁には細く切り出した発泡スチロールを貼りつけ、畑の畦道とする基盤も作ってある。

▼ 段々畑の基盤が完了

段々畑は発泡スチロール板を階段状に重ねて基盤としてある。擁壁は耕作地と絡む部分もあり、その取りつけはこのあとで行なう。

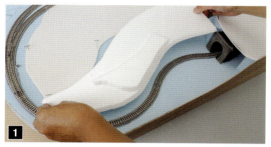

1 高台位置を検討
レイアウト基盤より高い位置に来る畑の基盤は糊付きの発泡スチロール板で作った。これも型紙を使って形を決める。なお、糊付きのものを使うと接着も簡単だ。

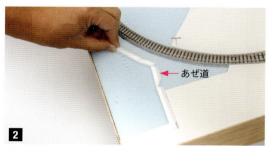

2 あぜ道も表現しておく
田畑の周囲は、あぜ道となり、耕作地よりやや高く作られている場合が多い。これも発泡スチロール板を加工して作った。角を落とし、断面は台形としておく。

▼ 擁壁を取りつける

擁壁は取りつけ前に塗装、スミ入れ、ドライブラシなどの加工を済ませておくとあとの作業が効率的です。

1 擁壁を取りつけ
トンネルわきの擁壁をつけているところ。これはトンネルポータルとセットで発売されているパーツ。基盤がスタイロフォームなので、発泡スチロール用接着剤を使う。

2 擁壁を延長
これはグリーンマックス製の擁壁素材。現在、自然石乱積み、御影石斜め積み（作例）、コンクリートブロック積みの3パターンが発売されているので、好みのもので。

LINK ≫ p87 スミ入れとドライブラシ、p92 グリーンマックス製の擁壁素材

Attention

地形の基礎作りの アイデア

レイアウトやジオラマの地形の作り方はいろいろな手法があります。基本的なのは何らかの構造で基礎を作り、表面を地面状に仕上げていく方法でしょう。この基礎の構造もいろいろあります。これは表面の工作方法によっても変わりますが、プラスタークロス（138 ページ参照）を使う場合、それ自身である程度の強度を出せるため、比較的ラフな構造でも十分実用になります。ここでは今回の作例では使わなかった、ほかの構造を紹介しましょう。それぞれを適宜組み合わせて使うこともできます。

▶▶▶ 発泡スチロールを利用する

重ねた発泡スチロールを削り出して成形
発泡スチロールを貼り重ね、山の形に削り出したもの。作例は主にスタイロフォームを使用している（90 ページ参照）。ここではいちばん強度の高い構造だが、重量は軽い。

▶▶▶ ペットボトルを利用する

1 ペットボトルを用意
ペットボトルを芯材とする構造。ペットボトルは炭酸飲料用を使うこと。ノンガス飲料用に比べて強度が高い。

2 ペットボトルを取りつけ
ペットボトルをレイアウト基盤に取りつける。接着剤が効きにくいのでガムテープなども併用するとよい。

3 新聞紙で形を整える
ペットボトルのまわりに丸めた新聞紙を貼りつけ、山の形を整えていく。新聞紙の接着は粘着テープで十分だ。

▶▶▶ 段ボール帯を利用する

1 段ボール帯を用意
段ボール紙を帯状に切断していく。厚手の段ボールよりも腰のやや弱い段ボールのほうが作業しやすい。

2 段ボール帯を組んでいく
段ボール帯を格子状に組んでいく。格子の大きさは 5〜10cm 角ぐらいが目安。地形によってはさらに細かくてもよい。

3 交差部はテープで補強
段ボール帯の交差部は粘着テープで補強する。稜線や地面との接着は素材に合わせて適宜、強度の高いものを選択。

Step 7 山を作る

トンネルや道路、擁壁などの準備が整ったら、山などの起伏を作るメインの工作に進みます。ここまで地道な作業の連続でしたが、今回はレイアウトのイメージがぐっと変わる工程です。一方、プラスターを使う汚れ仕事です。部屋を汚さぬよう準備してからかかりましょう。

プラスタークロスで地面を作る

山など起伏を表現する手法はいくつもありますが、作例はKATO製のプラスタークロスを使いました。医療用のギプスに似た素材で、硬化すると十分な強度があります。そのため、基礎は簡単な構造でも大丈夫です。

地形の骨組みは新聞紙主体の簡略構造

レイアウトやジオラマで山などの起伏を表現する際、骨組みとなる構造を作り、表面を地面に見えるように加工していくのが一般的です。その方法はいろいろあり、137ページでも技法例を紹介しました。

作例は表面をKATO製のプラスタークロスで被う手法をとりました。プラスタークロスは硬化すると結構な強度になるので、骨組みは比較的簡素なもので十分です。例えば、岩山から右側、線路沿いに伸びた山裾の部分はすべて丸めた新聞紙で構成されています。粘着テープなどで止めながら形を整えれば骨組み完成です。岩山の方は、神社の境内や階段を作るため、すでに発泡スチロールの塊がいくつかついています。こちらはその隙間に丸めた新聞紙を押し込むような形で山の形状を整えていきます。たまたま粘着テープの在庫が切

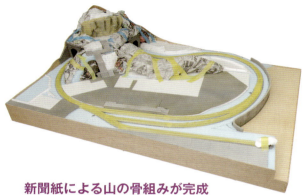

新聞紙による山の骨組みが完成
新聞紙などを利用した山の骨組みが完成した状態。プラスタークロスの作業に入る前に線路はマスキングテープを貼って保護しておく。

れ、途中で黄色から青色に変わっているので、工作の進め方がよく判ると思います。

山の骨組みができたあと、プラスタークロスを重ね貼り。硬化・乾燥した後、表面を塗装していくと地形ができあがります。

▼ 新聞紙で山の基盤を作る

山の骨組みは丸めた新聞紙を粘着テープで固定して作ります。表面をプラスタークロスで被うため、こんな構造で十分です。

1 丸めた新聞紙をつけていく
写真はトンネル周辺の様子。すでに神社を作るために境内の基盤や階段が取りつけられている。その隙間に丸めた新聞紙を押しこんでいく。

2 粘着テープで固定
新聞紙を粘着テープで固定しながら山の形を整えていく。起伏が足りない時はさらに丸めた新聞紙を貼り重ねればよい。スマートに調整することも可能。

3 山の裾野がほぼ完成
神社の境内となる高台より下の部分の骨組みがほぼ完成した状態。右側に延びた稜線は丸めた新聞紙だけで構成されている。こんな構造で大丈夫だ。

LINK p137 地形の骨組みの技法

4 岩を配置する
別途用意した岩（142ページ参照）を高台部分に取りつける。ほかの素材に比べて重いので、取りつけ強度も考えること。エポキシ系接着剤がおすすめ。

> 石膏製の岩は完全に乾燥していないと接着剤が効かない。よく乾燥させる。

5 岩のまわりの地形も整える
岩のまわりも丸めた新聞紙で被っていく。地面から岩が露出した状況をイメージしながら作業していこう。この新聞紙の固定も粘着テープを使用した。

6 線路をマスキング
山の骨組みが完成したところで線路をマスキング。トンネル内部は新聞紙を挿入するだけでよい。車止めは破損しないように気をつけてマスキング。

▼ プラスタークロスを貼る

山の骨組みができたらプラスタークロスでおおっていきます。少なくとも2～3枚は重なるように貼り重ねていきます。

1 プラスタークロス
ガーゼ状の素材にプラスターを浸み込ませたような製品。適当な大きさに切ってから使用。湿気を吸うと使えなくなるので、未使用分は気をつけて保存。

2 水に浸す
バケツに水を用意してプラスタークロスを浸す。プラスターはアルカリ性で肌荒れを起こすこともあるので、必ずビニール手袋などを使用すること。

3 水気を調整
すぐに水から引き揚げ、滴り落ちる水を切るようにして水気を調整。場合によってはちょっと絞ってもいい。絞り過ぎるとプラスターが取れてしまうので注意。

4 骨組みに貼る
新聞紙の骨組みに軽く霧（水）を吹きかけ、プラスタークロスを拡げながら骨組みの上に貼っていく。

> 貼る場所によって、プラスタークロスを折り重ねたり、あるいは丸めて貼ることもできる。硬化に問題はない。

5 重ね貼りする
プラスタークロスは最低でも2～3枚重なるように貼り重ねる。1枚目が硬化する前に連続作業しても問題ない。硬化乾燥しているときは霧を吹いてから。

6 耕作地にも貼りこむ
発泡スチロール板で基盤を作った耕作地や築堤などにもプラスタークロスを貼りこんでいく。こちらは強度が不要なので、貼り重ねないでも大丈夫だ。

> プラスタークロスを貼ったあと、指でこするとガーゼの格子が目立たなくなる。

次ページに続く ➡

▼ プラスターを塗って岩を表現

前ページでは別途作製した岩を取りつけましたが、プラスタークロスの上にプラスターを塗って岩を表現することもできます。

プラスターを溶く
作例はTOMIXから発売されているシーナリープラスターを使用した。扱いやすいプラスターで色はグレー系。水にプラスターを撒き入れる形で混ぜ、よく撹拌する。

刷毛で塗りこんでいく
硬化したプラスタークロスの上に溶いたプラスターを刷毛で塗っていく。刷毛の方向によって地層の雰囲気を演出できる。地層の向きを考えながら刷毛を動かしていく。

▼ プラスターで荒れた地面を表現

プラスターを粉の状態で撒いていくと荒れた地面を表現することもできます。最初に霧吹きで表面を濡らしてから撒きます。

霧吹きで湿らせる
荒れた地面を表現しようとする場所に霧吹きで水をかける。表面がしっかり濡れるまで吹きかけること。プラスター散布後に霧を吹くと仕上り面がなだらかになる。

プラスター粉を撒く
プラスターを茶こしに入れて撒いていく。TOMIXのシーナリープラスターは粗い粒子の素材も含まれているので、これを使うなら茶こしの目も粗い方がよい。

142ページで作った岩も埋め込んである。周辺は地形と馴染ませてあるが、岩の面はプラスターをかけずに質感を活かすこと。

プラスター関連の作業を終えた状態。この段階で気になる部分があったら適宜修正する。その場合、地になるプラスターが乾燥していると、追加プラスターから急速に水分が抜かれ、硬化しなくなることもある。必ず地のプラスターを霧吹きで湿らせておくこと。

地面を仕上げる

プラスターで地面が被われ、地形の起伏が完成しました。今度はプラスターやスタイロフォームが露出した面に色を塗り、さらにさまざまなパウダーを撒きながら地面の色調や質感を仕上げていきます。

地面の色調は明るめに仕上げるのがコツ

地面を仕上げていく際、色調に迷うことがあります。その場合はとにかく明るめに作業しておくことです。実は塗料が乾燥すると、色調が大きく変わることもあります。再調整の際、明るめ→暗めは簡単ですが、逆は困難です。また、乾燥した地面の色はかなり明るい色調です。崖下や凹部など湿ったところは暗めで、このあたりは塗り重ねながら調整していく方が安心です。

地面を塗り終えたところ
地面となる部分の塗装を終えた状態。プラスター面だけなく、スタイロフォームの路盤が直接地面となるところも塗ってある。一方、白い発泡スチロールが見えるのは建物を置く場所。海の塗装もこれからだ。

▼ 地面を塗る

数日間放置、プラスターが完全に乾燥したら、地面となる部分を塗装します。作例はアクリル絵の具を使いました。

色はどのような地形を作るかによって変わるが、タン、グレー、茶色あたりをメインに最低でも4～5色は用意したい。

1 塗装はアクリル絵の具が便利
地面の塗料は情景模型用に専用塗料も発売されている。作例ではリキテックスなどのアクリル絵の具を使用した。

2 水で薄めて塗っていく
地面を塗るときはアクリル絵の具を水で溶き、薄めた状態でプラスターに浸み込ませるように塗っていく。

3 塗り重ねて色調を整える
アクリル絵の具はいろいろな色調のものを用意して重ね塗りしながら複雑な色調を演出。必要があれば原液も使用。

▼ パウダーを撒布する

塗装が乾燥したところで、パウダーや砂などを撒き、地面の質感を出しながらさらに色調に変化を加えていきます。

1 "ボンド水"を用意
この作業では木工用接着剤を水で薄めた"ボンド水"を使用する（作り方は104ページ参照）。

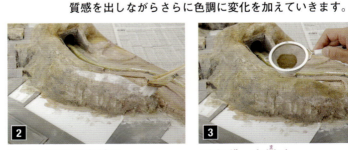

2 "ボンド水"を塗る
パウダーなどを撒こうとする場所に"ボンド水"を塗る。ざっくりとした作業なので刷毛を使って効率的に。

3 パウダーを撒く
茶こしを使うと均一に撒きやすい。対象物から離せばより均一になる。逆に近づけたり、指で直接撒いてもよい。

Step Up 岩を作る

山、川、海岸などでは岩が露出している地形もよく見られます。土や砂などに蔽われた地面とは違った独特な景観を醸し出しています。この岩も再現してみたいモチーフです。本物の石を岩に見立てる方法もありますが、自作することもできます。

石膏で岩を作る

岩の材料もいろいろ考えられますが、ここでは石膏を使いました。石膏は型に対しての流動性がよく、またディテールの再現性も優れています。この特徴を活かし、石膏で岩を作ってみましょう。

岩を再現する模型用のゴム型を使う

作例ではアメリカのWoodland Scenics社から発売されている岩を再現するゴム型を使いました。KATOなどが輸入販売しているので、日本国内でも入手可能です。パターンはいくつかあるので、好みのものを用意しましょう。この型に流しこむ石膏は画材店やホームセンターなどで取り扱っている「焼石膏」などがよいでしょう。

石膏で作った岩。型から取り出したあと、アクリル絵の具で塗って岩の雰囲気に仕上げている。スミ入れで凹凸も強調。

▼ 石膏を溶かす

石膏は粉の状態で販売され、水に溶かして使います。水との配合の割合をしっかり守らないとうまく硬化しません。

1 材料を用意する
容器は専用ゴム容器がおすすめ。入手できない場合、使い捨ての容器を使う。前の石膏が残っていると失敗の原因。

2 水に石膏を投入
先に水を入れ、石膏を静かに投入。水との配合量は説明書を参照。目安は水面から石膏がちょっと顔を出す程度。

3 十分に撹拌する
割りばしなどで全体がよく混ざるように2～3分撹拌する。空気を巻きこまないように静かに作業すること。

Attention アルミホイルでも石膏の型取りができる

Woodland Scenics社製のゴム型が入手できない場合、アルミホイルを型として使ってみましょう。一度、皺くちゃにしてから広げ、それを型とするのです。アルミホイルを破かぬよう、ていねいに広げるのが型をうまく作るコツです。

自作のアルミホイル型に石膏を流し込んで岩を作る。リアルな岩に仕立てるのは結構難しいが、小さな岩としてはそれらしく見える。

▼ 石膏を流しこむ

溶いた石膏を型に流しこみます。気泡を入れないように型の端から静かにそして素早く流しこむのがコツです。

型に石膏を流しこむ
ゴム型に石膏を流しこむ。この際、気泡をまきこんでしまうと表面に残ってしまうこともある。これは草などでごまかせるが、極力気泡を入れないように努力する。

硬化までは約30分
石膏を流し終えたら、そのまま動かさずに30分ほど硬化を待つ。石膏は硬化の際、発熱する。この発熱が収まってきたら硬化の目安となる。

▼ 型から取り出して塗装する

石膏が完全に硬化したら型から取り出します。塗装は石膏が乾燥しないとうまくのりません。最低でも24時間以上必要です。

石膏をゴム型から外す
流しこみから30分程度、石膏が冷えてきたらゴム型から外す。硬化時間が短いと型から外すときに割れてしまうので、その際はもう少し時間をあける。

石膏を乾燥させる
石膏が乾燥しないと塗料がのらない。最低でも常温で24時間、できれば1週間ほど乾燥させる。型からはみ出した部分は削って成形。

石膏を塗装する
作例はアクリル絵の具で塗った。水で薄め、石膏に浸み込ませるように塗っていくとリアルな質感が出せる。色は複数用意してトーンを変えていく。

CHECK
実際の岩を観察してみよう

　リアルな岩を再現するためには、何といっても実物の岩を観察するのがいちばんです。色調や質感などに目が行きがちですが、凹凸によって色味が変わっているところにも注目してください。これはスミ入れのように凹部に濃い色を入れていくことで表現できます。また、岩だけでなく、岩を取り囲む植物の様子、また地面から岩へと移り変わる場所の状態などもよく観察してみましょう。

秩父の長瀞（ながとろ）。荒川の上流部にある渓谷で、岩畳と呼ばれる景観が続いている。そそり立つ岩を木々が蔽っている。

Step 8

海

地面が姿を見せてきたところで、今度は海の作り方を紹介しましょう。実際の作業はStep7と同時に岸壁も仕上げておく必要がありますが、ここでは海に関係する一連の工作としてまとめて紹介します。海そのものは98ページで紹介した川と同じ塗装によって仕上げる方法としました。

海の表現方法

海の表現方法もいろいろありますが、ここでは基盤を水らしい色調に整え、その上につやのある素材を塗って水らしく見せる方法を使いました。波の形や周辺の情景によって川とは違った海らしさを演出しています。

海らしさの演出は波が最大のポイント

私たちが海を感じるポイントはどこにあるのでしょうか？　そのひとつは波にあると思います。寄せては引くリズミカルな動きが海を感じさせます。レイアウトやジオラマで実際に動く波を表現するのは難しく、ここではある瞬間を固定した波の形で表現することになります。また、海と陸地の接点となる浜や磯、そして岸壁なども海を感じさせます。こうした部分を作りこんでいくことで、同じ水ものでありながら、川や湖とは違った情景に仕立てています。

作例では先述のように塗装で水の深さを表現、表面にはつやのある素材を塗って水の感じを出しました。これは98ページの川同様、ターナー色彩の「水性グレインペイント　アクアシリーズ」を使用しました。波の盛り上がりはリキテックス

レイアウトの一角に設けられた砂浜。波打ち際では犬を連れた若者が散歩を楽しんでいる。実際にはかなり小さなスペースだが、海らしさの表現に挑戦した。

のメディウムというペースト状の盛り上げ素材を使っています。これも乾燥すると透明になり、つやが出るものを選んでいます。なお、ここでは波が砕けた泡の表現も重要です。

また、浜は砂絵を描くように表現しています。さらに岸壁のわきには「テトラポッド」などと呼ばれる消波ブロックを投入、港湾関係の施設も盛り込み、海らしさを演出しています。潮の香りを感じられるような情景に見ていただければ成功です。

▼ 岸壁を取りつける

海の工作に入る前に岸壁を取りつけてしまいます。この作業は、実際には地形の工作と同時に行なっています。

⊕ 作業前に色を塗って仕上げておく。ビニールは塗装が乗りにくいのが難点。

1

岸壁の素材
左は土留めの矢板をイメージしたもの。滑り止めビニールマットで似た形状のものを見つけた。右はウレタンシート。先に柔らかく曲面を自由に作れるのがミソ。

2

岸壁を取りつけ
缶スプレーからドライブラシまで一連の工程で塗装仕上げした岸壁材を所定の位置に取りつけていく。ここでは発泡スチロール用接着剤を使用した。

3

接着剤固着までピンで仮止め
ウレタンシートの岸壁は曲面を描く形で固定する。接着剤が完全に硬化するまで、要所々々にピンを打って仮止め。これで美しい局面が得られる。

LINK ▶ p215 水性グレインペイント　アクアシリーズ、p126 地形の基礎工作

海面を塗装する

作例ではレイアウトボード面が海面となります。海面製作の第一ステップは、この面を海らしく見える色で塗ります。なお、岸壁を取りつける前に色を塗ることも可能です。工程は自分の作業しやすさで調整してください。

海の色は難しい
航空写真などで研究

海をどのような色に塗っていくか？ これは難しい問題です。Nゲージのレイアウトの場合、どうしても上から見る機会が多くなります。そこで空から見た海の様子を再現するのもひとつの方法かと思います。飛行機に乗るチャンスがあったら、ぜひ窓際の席を陣取り、観察しましょう。簡単にはWebの地図で航空写真を表示させ、これを観察する手もあります。

海の色を塗り終えたところ
作例の場合、浜側では水深の変化で水の色が濃くなっていく、左の港側では海水にやや濁りが入っている想定で色調を微妙に変えてみた。

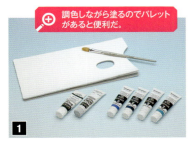

調色しながら塗るのでパレットがあると便利だ。

1 塗装はアクリル絵の具が便利
海面の塗装はリキテックスなどのアクリル絵の具を使用した。色は青、緑系統のものを中心に数種用意した。

2 原液で塗っていく
ベニヤ板の木目も目立たなくしたいため、アクリル絵の具を水で薄めず原液のまま塗った。複数の色を混ぜて調色。

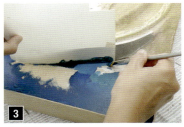

3 岸壁部はマスキング
マスキングテープを貼ると岸壁の微妙な塗装が剥げる危険もあるため、紙を当てるという簡単なマスキングで対処。

CHECK
実物の海の色を参考にする

海の色に対する蛇足のようなアドバイスを。上記の本文で紹介したようにWebの航空写真を参考にする手もあるが、やはり実物に勝るものはない。海の色は、水そのものの色、水の深さによる変化、海底の様子、そして太陽光の入り具合などでまったく別物のように揺れ動きます。自分が美しいと思った瞬間を心に残し、それを昇華させながら描く―。なかなかその域には達しませんが、それゆえ、レイアウトやジオラマを作るたびに水をテーマにしてしまうのです。

日本海に浮かぶ青海島。模型心を誘う小さな燃料タンクが気になって撮った1枚だが、海の色調も絶品。

次ページに続く➡

消波ブロックを設置

打ち寄せる波から岸壁などを守るために設置される施設が消波ブロックです。「テトラポッド」と呼ばれることもありますが、実は商品名なのです。作例はまさしくテトラポッドですが、このほかにも形状は各種あります。

現在の海を演出する欠かせないアイテム

消波ブロックは全国各地の海岸線で見ることができます。投入されているのは岸壁のわきだけでなく、沖合いの防波堤のまわり、さらには砂の消耗を防ぐため、砂浜に設置されることもあります。特に1960年代にテトラポッドが誕生、以後、爆発的に増えています。それ以降の海を表現するためには今や欠かせない存在です。テトラポッド以外の形状もたくさんあります。

磯と消波ブロックで海を演出
作例の消波ブロックはジオコレの製品利用。写真のテトラポッドを含め、現在は3つのパターンを製品化している。打ち寄せる波にも注目。

▼ 消波ブロックを加工する

ジオコレの消波ブロックはいずれも完成形で発売されています。これを切断することで水中に没した雰囲気を出します。

1 ジオコレの消波ブロック
トミーテックのジオコレシリーズからは消波ブロックABCと3つのパターンを発売。写真のテトラポッドはB。

2 レザーソーで切断
レザーソーを使い、消波ブロックをランダムに切断していく。このとき、ガイドボックスがあると作業しやすい。

3 切断した消波ブロック
写真の手前が切断加工した消波ブロック。奥の完成形と比べ、水に没した感じになっているのがミソ。

▼ 消波ブロックを取りつける

消波ブロックを海面の上に接着します。手前側に切断加工したブロックを並べると全体が海底から積みあげたように見えます。

1 接着は水表現素材を使う
消波ブロックを設置する場所に水表現素材（水性グレインペイント　アクアシリーズ）を原液のまま厚めに塗る。

2 消波ブロックを並べる
消波ブロックを並べていく。水性グレインペイントの接着力を使い、なおかつ消波ブロックの隙間の水も表現。

LINK ≫ p208 レザーソー、ガイドボックス

桟橋と船

港湾施設として欠かせない桟橋も作ってみましょう。作例では漁船1隻分の長さの浮桟橋としました。小さな桟橋ですが、これひとつあるだけで、周辺が港らしく見えてきます。船はジオコレの製品利用です。

桟橋、船とも水面から上だけを作る

作例の海は、海面を表現しているため、桟橋や船も海を海面から出ている上の部分だけ作ります。この状態で平らに作った海面に設置すると、海に浮かんでいるように見えるのです。幸いなことにジオコレの船シリーズは、すべて喫水線で上下の部品が分かれる構造。喫水線より下のパーツを省略すれば、それだけで海に浮かんでいる船が表現できます。

水に浮かぶ桟橋と船を表現
桟橋、船とも喫水線より上だけ作って、水に浮かんでいる様子を演出した。桟橋上の雑多な小物、緩衝材の古タイヤなどにも注目したい。

▼ 桟橋を作る

桟橋はプラ材を使って箱状に組んだものです。上面に船を係留するボラード、側面に緩衝材の古タイヤをつけ、それらしく仕上げました。

1 桟橋本体が完成
桟橋の大きさは船とのバランスから判断。作例は全長80㎜、幅20㎜、厚みは3.5㎜。ボラードは小釘の頭を活用。

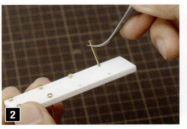

2 ボラードの取りつけ
桟橋の適当な位置に孔をあけ、ボラードとする小釘を差し込む。瞬間接着剤で固定、頭を残して金属ニッパーで切断。

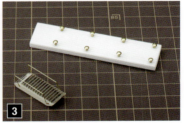

3 階段は歩道橋から
階段はジオコレの歩道橋から転用したパーツ。両脇にφ0.3の真鍮線で手すりを表現。塗料は缶スプレーが便利。

▼ 船を組む

船はジオコレ製品をそのまま組んだものです。喫水線仕上げとしたほか、スミ入れを施し、ディテールにメリハリをつけてあります。

1 タグボートと漁船
ジオコレのタグボートと漁船を利用。漁船はABCの3種発売されており、作例は船長のいちばん短いCを使用。

2 スミ入れ
喫水線より上を組み上げたところで全体にスミ入れ。これはタミヤの専用塗料を使用している。

3 ウォッシング
生乾きの段階で綿棒でこすって塗料を落とす。凹部に残すのが基本だが、それ以上残ってもウエザリング的味わい。

次ページに続く➡

LINK p85 ウォッシング

▼ 波の起伏を作る

波の起伏はアクリル絵の具の盛り上げ材（ゲル）で表現してみました。盛る厚さによって硬化時間が変わり、作例では約1日待ちました。

1 盛り上げ材を塗る
作例はターナー色彩の「ゴールデン　レギュラーゲル」を使用。波の形をイメージし原液のまま筆で塗っていく。

2 塗り終えたところ
レギュラーゲルは、粘性が高く、エッジも立ちやすい。乾燥・硬化によって透明になり、つやも出てくる。

▼ 海面に水素材を塗る

水の表面にはターナー色彩の「水性グレインペイント　アクアシリーズ」を塗りました。レギュラーゲルより粘性が低く、使い分けました。

1 水素材を塗る
まず全面に塗り残しがないように水素材（水性グレインペイント　アクアシリーズ）を原液のまま塗っていく。

2 筆でさざ波を表現
水素材がやや乾いてきたところで、表面を平筆で細かくたたくようにして、さざ波を表現していく。

3 全体のさざ波加工が終了
この作業は上の波用レギュラーゲルが硬化してから行うこと。硬化前に作業すると波の盛り上がりを潰してしまう。

▼ 桟橋と船を取りつける

水素材が硬化する前に桟橋と船を所定の位置に設置します。水性グレインペイントは接着力が強く、これで固着可能です。

1 桟橋を設置
水素材（水性グレインペイント　アクアシリーズ）が乾かぬうちに桟橋を所定位置に取りつけます。

2 漁船も取りつけ
続いて漁船も取りつけ。作例では漁船は桟橋に係留されている想定。桟橋に接する位置に設置した。

3 タグボート取りつけ
タグボートは岸壁側に係留しつつあるイメージ。桟橋や船を動かさないようにして水素材の乾燥待ち。約半日必要。

LINK ▶ p215 ゴールデン　レギュラーゲル

▼ 砂浜を作る

砂浜は「砂絵」を描くように海の縁に砂を撒いて作ります。この作業に入る前、海素材が完全に硬化していることを確認します。

1 "ボンド水"を塗る
まず水素材の硬化状態をチェック。表面の粘着力が消えたことを確認して、砂浜とする場所に"ボンド水"を塗る。

2 砂を撒いていく
スプーンなどで砂を撒いていく。この後、乾いた筆を使い、砂の形を心に描いた浜のイメージに成形していく。

3 "ボンド水"を滴下して固着
砂の成形後、砂浜全体を霧吹きで湿らせ、標高の高い陸地側からスポイトに入れた"ボンド水"を滴下して固着。

▼ 波や航跡の水泡を表現する

岸に近づいた波は波頭から崩れ落ち白波が立ちます。また、船のスクリューや舳先からは航跡の白波が立ちます。これを表現しましょう。

1 波頭の崩れ落ちを表現
水泡はタミヤの情景テクスチャーペイント雪を盛りつけて表現した。波頭の陸側（写真では右側）に盛ること。

2 航跡を描く
航跡はアクリル絵の具の白色をドライブラシで描いたもの。つやがほしいときはその上に水素材を塗り重ねる。

Attention

 岩は石膏流し込みで自作

消波ブロックのわきに見える岩は、142ページで紹介した石膏流し込みで製作したものです。山の岩とはちょっと違った色調に仕上げ、配置してみました。フジツボやカキなどの付着生物を表現するとさらにリアルに見えるかもしれません。作例は「大潮の満潮時を想定」ということで潮間帯の生物はすべて省略してしまいました。そんな言い訳を考えてみるのもレイアウトの楽しみかも知れません。

岩の固着も水素材の利用が便利。岩の裏に塗って、押しつける。万が一、水素材がはみ出しても筆で叩けば波に馴染む。

Step 9 線路

地面や海ができあがったら、いよいよ各部の仕上げに入ります。最初は線路まわりを仕上げましょう。作例に使ったTOMIXの道床付き線路は、バラストを撒くことを想定して作られているようで、実際、バラストを撒くことでぐんとリアルな仕上がりとなります。まずはバラスト撒布から。

線路の魅力を表現しよう

鉄道の魅力のひとつは線路にあります。ましてや鉄道の情景を作るレイアウトやジオラマでは、もっとも気を入れて工作する部分です。レイアウトの場合、走行性能を妨げず、かつ美しい線路を表現すべく頑張りましょう。

実物の線路構造を知りそれを再現してみたい

線路の構造は、一般に車輪が走行する「レール」、それを支える「枕木」や「バラスト（砕石）」、「路盤」から成り立っています。このうち、レールと路盤の間の部分を「道床」と呼びます。路盤は草に被われることもしばしばありますが、保線などの作業に使われるため、一部の草は刈り取られ、通行しやすくなっています。この通路は俗に「犬走り」と呼ばれています。

なお、近年では枕木やバラストの替わりにコンクリートのブロックを並べた「スラブ軌道」と呼ばれる構造も使われています。ちなみにバラスト利用の線路は「バラスト軌道」です。

こうした知識を頭に入れたところで、実物の線路を観察すると、模型に再現したいポイントがよ

"犬走り"なども表現したい
線路が完成した状態。TOMIX製線路（製品名はレール）のわきにバラストを撒き、路盤も細部まで作りこんだ。

り明確に見えてくると思います。さらにレールの滑らかな曲がり具合など、線路の魅力を感じ取ってください。

▼ バラストを表現する

線路表現の第一歩となるのはバラストの表現です。これは市販されている模型用バラストを撒き、"ボンド水"で固着するのが一般的です。

1 "ボンド水"を筆塗り
バラストを撒こうとする場所に"ボンド水"を筆塗りする。バラストを散らさないようにするためで、直にバラストを撒くより作業しやすい。

2 バラストを撒く
バラストを撒いていく。適当な大きさのスプーンを使うと撒きやすい。撒いたあと、乾いた筆でバラストの形を整える。ここで実物の線路観察が役立つ。

※霧吹きの水に中性洗剤を1滴入れるとバラストへの浸み込みが格段にいい。

※"ボンド水"はレールに極力かからないように注意。特にポイントはNGだ。

3 "ボンド水"を滴下
バラスト成形後、全体を霧吹きで湿らす。その後、スポイトで"ボンド水"を滴下していく。バラストに浸み渡れば完了。一昼夜ぐらい乾燥させる。

LINK ▶ p36 線路の構造、p104 ボンド水

▼ 線路まわりの追加表現

線路の周辺には線路標識や信号配線などがあり、これらも作ってみたいものです。またバラスト部の質感表現もさらに追及したいところです。

1 KATO製の側溝
Nゲージの側溝として作られた素材。大小あるので、適宜使い分け。つや消しグレーに塗装してから使う。

2 線路間に設置した状態
側溝を線路間に取りつけた状態。ここでは構内作業員の通路といった見立て。信号機わきに置けば信号配線に見える。

3 バラストの質感表現
バラストが乾燥したあと、パステルなどでバラストの錆や油を表現。作例は蚊取り線香の灰も活用。おすすめの素材。

▼ 踏切を作る

103ページの作例でも踏切を作りましたが、こちらは線路の曲線部に設置することになりました。より慎重な工作が必要です。

> プラ板は型紙に合わせて切り抜いた後、現物合わせで微調整を繰り返して成形。

1 現物合わせで調整
構造そのものは103ページと同じだが、かなり厄介な形状なので、必ず型紙を使う。それに合わせてプラ板を成形。

2 缶スプレーで塗装
完成した踏切用パーツ。つや消しグレーで塗装する。さらに軽くグレーでドライブラシをかけ、質感を演出してある。

> レール間の踏切板は車両走行に障害がないようにテストを重ねながら設置。

3 線路に取りつけ
レール面より踏切パーツが上がらないようにするのはもちろんだが、レール間のパーツは特に注意して設置する。

Attention

バラスト表現の新アイテム「ペースト状バラスト」

ホビーセンターカトーのオリジナル製品として「ペースト状バラスト」が登場。バラストに接着剤を混ぜてペースト状にしたものです。パンにジャムを塗る感覚でバラスト表現ができると謳われています。作例のレイアウトも一部区間でテストしましたが、思いどおりに仕上げるにはコツがいります。特に長い区間での作業となると、個人的には作例で紹介した"ボンド水"の方が作業時間的にも早かったです。一方、バラスト欠損部の補修、踏切まわりのバラスト成形には便利と感じました。

「ペースト状バラスト」はお試しサイズの100mlとお徳用サイズの600ml。腰のある筆などで塗りながら成形。硬化は一昼夜。

LINK ▶ p87 ドライブラシ

Step 10 各部の仕上げ

線路まわりに並行して各部も仕上げていきましょう。ここでは草や樹木などの植栽、道路や建物の仕上げを中心に紹介します。なお、実際の作業は一定の流れでは進みません。草の撒布→道路の仕上げ→草の撒布…というように行ったり来たり。いろいろな作業を重ねて追い込んでいきます。

レイアウトを緑化する

ハゲ山だったレイアウトに草や樹木を植え、緑化していきます。この作業によってレイアウトの雰囲気が大きく変わり、緑の重要性を改めて感じさせるはずです。まずは緑化の基本となる草の植え方から紹介します。

線路のバラストと同じ"ボンド水"を活用する

レイアウトやジオラマの草の表現方法はいくつかあります。

ひとつは"芝生紙"などと呼ばれるマット状の素材を貼り込む方法です。牧草地のような均等な草地を作るのに向いています。

よく使われるのは、ここでご紹介するオガクズやスポンジ粒などで作られた模型用のパウダー素材を撒く方法です。固定はバラストと同じく"ボンド水"利用が簡単です。最近ではパウダーの替わりに繊維状の素材を撒き、さらに静電気で繊維を立ち上げて草原を表現する優れもの製品(NOCH社製グラスマスター)も登場しています。

このほか、麻紐などの繊維素材を一株ずつ植えこみ、ススキやアシなどを表現する方法(107ページ)があります。

ここではパウダー+"ボンド水"で、多種多様に富んだ日本の植生を簡単に表現できる方法を紹介します。

緑化が進んできたレイアウト
ハゲ山に草を撒き緑化が進んできた。随所に地面や岩が露出しているが、完全に草で被わないのがポイントだ。

▼ 草の植栽

変化に富んだ草を表現するためには、草素材も各種用意しましょう。これをブレンドしてから撒くと、簡単に変化のある植生が表現できます。

> 草素材は地面から離して撒くと薄く均等に、近づけて撒くと厚く撒ける。

1 草素材をブレンド
オガクズ、スポンジ粒などの各種草素材を適宜ブレンド。色調なども変化をつける。適当な容器に適量ずつ入れて、シャカシャカと振ればブレンド完成。

2 "ボンド水"を塗る
草を撒こうとする場所に"ボンド水"を塗る。ここでは刷毛などを使い、ざっくり塗るのがコツ。"ボンド水"のムラは自然な草の植生表現に役立つ。

3 草素材を撒く
ブレンドした草素材を撒く。個々の草素材もさらに撒いてより変化をつけてもいい。このあと、中性洗剤入りの水で霧を吹き、適宜"ボンド水"を滴下。

耕作地を作る

田畑などの耕作地はマット状の模型素材を利用して作りました。ここに"芝生紙"を貼りこめば、牧草地になります。マット状素材利用では、「切断面をいかに周囲と馴染ませるか」がポイントとなります。

マット状の模型素材は型紙利用で成形していく

模型で畑を表現する場合、畝の凹凸から作る場合もありますが、Nゲージの縮尺ではマット状の模型素材で十分雰囲気が出せると思います。ここではマット状模型素材利用のポイントとなる複雑な形の成形方法、そして切断面の馴染ませ方を紹介します。なお、田畑には畝の向きがあります。これは日照条件によって決まり、概ね隣通しでは向きがそろっているので注意しましょう。

階段状に仕上がった耕作地
畑素材を貼りこみ、あぜ道部分の草の植栽も終えたところ。畑素材が周囲に馴染むように草を植えこんでいくのがコツだ。

▼ 素材を耕作地の形に成形

マット状の素材をレイアウトの耕作地の形に成形します。複雑な形状となっていますが、型紙を利用すれば簡単です。

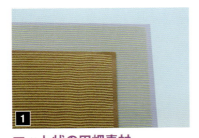

1 マット状の田畑素材
作例はトミーテックのジオコレシリーズ「ジオラママット」を使用。手前は秋の畑、奥は春の水田として発売。

2 型紙を作る
レイアウトの耕作地部分に直接紙を当てて、形を写し取っていく。これを切り抜けば型紙が完成。

3 マット素材を成形
型紙に合わせてマット素材を成形する。取りつける前に一度レイアウトに当てて形を確認するのは言うまでもない。

▼ 素材を貼り、周囲を調整

成形した素材をレイアウトに貼り、その周囲に草を撒いていきます。これにより畦道と一体になったリアルな田畑が完成です。

1 田畑の素材を接着
成形したマット素材をレイアウトに接着。基盤は発泡スチロールなので発泡スチロール用接着剤を使用した。

2 周囲に草を植える
マット素材の切断面から畦道にかけ、草を植えて一体感が出るように調整。草の取りつけは左ページを参照。

次ページに続く➡

樹木を用意する

レイアウトやジオラマに使う樹木は、完成状態でも各種製品化されていますが、今回はKATO製の「樹木キット」を利用しました。広葉樹、針葉樹、大きさの違いなどあるので、好みのものを選んでください。

樹木は多めに用意 種類も変化をつけたい

レイアウトやジオラマで緑を表現するとき、樹木はとても重要なアイテムです。そして多くの場合、予想以上に樹木を必要とするので驚いてしまうかも知れません。ちょっとした山でも樹木を1本1本植えていくと、あっという間に数を使ってしまうのです。樹木は完成品やキット利用、そして自作などで多めに用意しておきたいものです。

また、植林した山なら樹種は限られますが、自然林は樹種も多く、こうした違いも模型で再現しましょう。

作例のレイアウトのために用意した樹木の一部。全体の形状、葉の色調や材質などで、樹種の違いもめざしている。

▼ 樹木を作る

KATO製「樹木キット」を利用して樹木を作ってみましょう。特に葉のつけ方にコツが入りますが、量産もしやすい製品です。

1 キットは幹と葉の素材
KATO製「樹木キット」はプラ製の幹とスポンジ製の葉素材をセットにしたもの。広葉樹、針葉樹、大きさの違いなどあり、好みのものを選びたい。

2 枝ぶりを整える
プラ製の幹は指で簡単に曲げることができ戻りも少ない。この性質を利用して枝ぶりを整えていく。それぞれの枝をひねりながら曲げていくのがコツだ。

「樹木キット」はちょっとのことではねじり切れない。ねじり倒すぐらいがコツ。

3 葉をつける
キットに付属しているスポンジをちぎりながら枝につけていく。ゴム系接着剤などが扱いやすい。ぼってりつけず、葉が透けるようにつけていくのがコツ。

接着剤は枝、葉のどちらか作業しやすい方につける。糸を引いた接着剤はとる。

▼ 樹木キット製作の手順

1 製品状態の幹。それぞれの幹には根元にする台もついているが切除する。

2 幹をひねり曲げながら成形。枝ぶりの決め方はひとえにセンス次第だ。

3 成形した幹を缶スプレーのプラ用塗料で塗装。幹の色も何種かあると変化がつく。

4 葉をつけて完成。葉素材もキット以外の色や材質を使うなどして変化をつける。

道路を仕上げる

道路の付属品というと信号機や道路標識、そしてガードレールなどを思い浮かべます。いずれもレイアウトやジオラマでは効果的なアイテムです。細かいところですが、路側帯標識や踏切関連の標識もつけておきましょう。

道路関連の標識類は製品利用が便利

近年、Nゲージで使える道路関連の製品がぐんと増えました。信号や電柱はかなり以前からありましたが、各種道路標識、ガードレールの種類など、その充実ぶりは目を見張るほどです。いずれも自作するのは大変なので、こうした製品を大いに活用しましょう。これもNゲージにはレイアウトやジオラマを作りやすい環境が整っているという根拠のひとつです。

踏切まわりの道路
踏切まわりの道路面には停止ライン、止まれの文字、そして路側帯標識などをつけた。また、白いガードレールも効果的なことがわかる。

▼ 道路標識をつける

道路面に表示する停止ライン、止まれの文字はインスタントレタリング（通称インレタ）方式の製品を利用しました。路側帯標識はデザイン用品の活用です。

1 路側帯はICテープ
路側帯は画材店などで手に入る白いICテープ（レトララインなど）を使用した。曲線貼りも可能な粘着テープだ。

2 道路面標識はインレタ製品
インレタは使用する部分を切り抜いて使うと使いやすい。裏紙を当てたまま、該当部分をていねいに切り抜く。

3 こすって文字を転写
所定位置に置き、上から丸いものでこする。転写できたら裏紙を当ててさらにこすり、しっかり転写させておく。

▼ 神社入り口を作る

神社の入り口部分は、舗装ではなく砂利道として変化をつけました。これはKATO製「シーナリーペーパー」を使用しました。

1 シーナリーペーパーを貼る
所定サイズに切り出したシーナリーペーパーを貼る。シールに粘着加工がしてあるので、裏紙を外して貼ればOK。

2 縁石をつける
縁石は151ページで紹介した側溝素材。シーナリーペーパーを縁取るように瞬間接着剤で取りつけていく。

3 鳥居を立てる
鳥居は神社キットの付属品。境内に対し裏表まで作りこまれているので、間違えないように取りつけたい。

次ページに続く➡

LINK ≫ p217 インレタ

各部を仕上げていく

レイアウト工作も終盤です。ここでは樹木の植え方、建物と地面の馴染ませ方、そして小さなアクセサリーの取りつけを紹介します。完成が見えてきて、作業によって情景もどんどんよくなる楽しい工程です。

▼ 樹木を植える

用意した樹木を植えていきます。やみくもに植林するのではなく、常に周囲とのバランスに気を配りながら植えていきましょう。

孔をあける
幹を差しこむ孔あけ。地面の骨組みが発泡スチロールなら千枚通しの利用が簡単。堅いところではドリルを使用。

幹を差し込んで植林
幹に接着剤（木工用接着剤かホットメルトがおすすめ）を塗って、孔に差し込んでいく。この作業の繰り返し。

駅前のシンボルツリー
駅前広場はシンボルツリーとして、やや大きな既製品の樹木を植えた。剪定によって枝ぶりをかなり調整してある。

▼ 建物の取りつけ

建物は大半が基盤つきのものを使用しています。道路との段差が不自然にならないよう紙を挟むなどして調整、最後はパウダーで馴染ませます。

建物を建てる敷地
敷地の段階で道路と建物基盤との高さが不自然にならないように調整。隣家と接する部分に"ボンド水"を塗る。

パウダーを撒布
"ボンド水"を塗った上に地面用のパウダーを撒布。写真より離れた位置から撒き、できるだけ均等に撒くこと。

建物を設置する
取外しの必要がない建物は発泡スチロール用接着剤などで接着。隣家との隙間は地面用パウダーでうまく馴染ませる。

▼ アクセサリーの取りつけ

ここでのアクセサリーは小さな付属品という意味ですが、レイアウトやジオラマにとっては装飾品となるアイテムです。

信号を取りつけ
作例の信号は形状だけを模したダミー信号機。それでも線路わきに立てると鉄道らしい雰囲気になってくる。

線路標識を取りつけ
線路標識は小さなパーツですが、線路まわりをリアルに見せる効果的なアイテムだ。完成品利用が手軽だ。

灯明を立てる
神社の参道に赤い灯明を立てていく。今は小さな赤鳥居なども製品化されており、こうしたものの利用も楽しい。

外壁を仕上げる

ようやくレイアウトが完成と言ってもいい状態までできあがりました。最後にベニヤ板がむき出しだった外壁を塗装します。これによりレイアウトの見栄えがぐっとよくなり、より愛着も湧いてくることでしょう。

ペンキやニス仕上げのほか壁紙素材を貼ってもいい

外壁の仕上げは、レイアウトやジオラマをよりよく見せるための体裁造りです。色調や素材は、せっかくの情景をスポイルしないようなものを選びます。塗装の場合、ニス仕上げも上品な感じで捨てがたい選択ですが、下地処理がやや面倒。今回は水性ペンキを使用しました。このほか、壁紙などに使う木目調の粘着シール素材も研究してみたいところです。

水性ペンキを塗る
作例はアーリーアメリカン調の家具用水性ペンキを使用。塗りやすく、落ち着いた仕上がりが得られるのが特徴。2度塗りで仕上げている。

レイアウトが完成!!

完成状態となったレイアウトだが、さらに人形やミニカーといった小物を追加、あるいは交換していくなど、手を加える要素はいくらでもある。「レイアウトに完成はない」という先人の名言もあるぐらいだ。

3 初めてでもできるレイアウト製作Ⅱ

Step Up
人形とミニカー

レイアウトのアクターといえば、やはり鉄道車両ですが、人形やミニカーなども欠かせないスタッフです。特に人形が入ると、情景に物語が生まれてきます。こうした物語を作り、それを鑑賞していくのもレイアウトやジオラマの大きな魅力なのです。

人形について

Nゲージの人形は、身長150cmの人と考えてもわずか10mm余りのサイズとなってしまいます。しかし、その丈以上に存在感があります。

塗装済完成品が各種そろう
難点はやや高額なところか…

Nゲージの人形は身長わずか10mm前後ととても小さなもので、自作は困難です。リーズナブルな未塗装製品もありますが、自分で塗ってみると塗装済み製品のありがたさを実感します。ここはなんとか頑張って塗装済み製品を使いたいところです。

Nゲージ用の人形としては、トミーテックのジオコレ「ザ・人間」シリーズ、KATO製の「Nゲージ用人形」などがある。このほか人形模型で世界的に有名なPreiser（プライザー）からもNゲージサイズの製品を未塗装・塗装済みで発売。

人形は小さなものなので接着が必須。瞬間接着剤を小皿に垂らし、そこに足の裏を触れるようにして塗り、レイアウト上に設置する。

ミニカーについて

Nゲージのミニカーは、現在の車種はもちろんのこと過去の人気車種もかなりそろいます。乗用車のほか、バスやトラックもあります。

コレクションも楽しめる
アイテムだ

自動車は美しい姿で走らせたいが、レイアウトで活躍させるとなると話は別です。軽くスミ入れを施すと、ドアなどのメリハリが効いて存在感がぐっと増します。フォークリフトやトラックなどの働く車では、さらにウエザリングしてもよいでしょう。

Nゲージ用のミニカーは、トミーテックのジオコレから乗用車、バス、トラックなど各種発売されているほか、KATOやTOMIXなども製品化。現在の貨物駅に欠かせないフォークリフトもそろっている。写真では紹介できなかったが、オートバイ、自転車なども用意されている。

接着しないでも安定するミニカーは、レイアウトに置くだけでよい。気分を変えて移動も楽しめる。ただし、なくさないように！

POINT

人形やミニカーの配置は
物語をつむぎながら考えよう

　アンリーズナブルな人形やミニカー。レイアウトやジオラマの世界に登場させるなら少しでも効果的に扱ってあげたいものです。人形やミニカーを配置する際には、まずその場所に存在する意味を考えます。駅のホームなら、電車を待っているのか、旅立つ人を見送りに来たのか、それとも列車の写真を撮りに来た鉄道ファンなのか…。そんなことを考えていくと、効果的な位置や向きが自ずと見えてきます。

駅前旅館前の情景。宿の女将に見送られ、出発する老夫婦といった雰囲気。呼んでいたタクシーも到着した。

—— 物語を考える

桟橋の情景。漁船が着き、今日の獲物を降ろしている。桟橋には釣り人の姿もある。

駅構内の情景。貨車の入換作業だろうか、操車係が作業の打ち合わせをしている。

人形配置のコツ

どんなにリアルに作られた人形でもNゲージのサイズでは存在感が薄い。特に情景の中にひとりで立たせるとほとんど目立たない。一方、立ち話でもしているように複数の人形をまとめて立たせると存在感が出てくる。もし、5人の人形を立てるなら、5人バラバラにせず、2人および3人のグループにして2か所に立ててみよう。これでぐっと効果的な見どころとなる。

駅ホームの情景。列車の到着が近いのか、駅員がホームと改札口で待機している。

バス車庫の情景。バスに乗ってきた乗客が、訪問先に到着連絡を入れているようだ。

Attention

⚠ 背景画によって
臨場感は大きく変わる

　レイアウトやジオラマ鑑賞時の必須アイテムとして背景画も紹介しましょう。特に情景を写真に撮って楽しむとき、その効果は絶大です。情景の空間的な広がりが増し、さらに青空が入ることでリアルに見えてきます。その効果は60ページのグラフでもおわかりいただけるでしょう。背景画は市販されていますが自作も可能です。

↓部屋の片隅に置いたレイアウト。部屋の雑貨とレイアウトの情景がごっちゃになり、鑑賞しにくい。

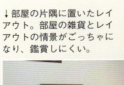

↑レイアウトの背後に背景画を置いた状態。部屋の雑貨を感じさせず、レイアウトの視覚的空間がぐっと広がったことがわかる

Step Up

建物（ストラクチャー）

建物はレイアウトやジオラマの中で視覚的にも重要なポイントとなるアイテムです。鉄道模型の世界では建物を「ストラクチャー（structure）」と呼んでいます。本来の意味からするとプラットホームなどの構造物全般も示し、こうしたものもストラクチャーと呼んでもいいと思います。

建物を用意する

完成品やキットを活用するのが簡単だが…

自分のイメージにこだわってレイアウトやジオラマを作る場合、建物も自作することになりますが、今回は完成品やキットの状態で市販されている製品を活用しました。現在、Nゲージで使用できる製品は豊富に出そろっており、それを選んでいくことで自分のイメージも組み立てていくことができます。

一方、既成品利用は手軽ではあるものの、ある程度様子が分かってくると物足りなさを感じることもあります。同じ製品を同じように並べていけば、誰が作ってもその仕上がりは似てきてしまうのです。

自分のレイアウトやジオラマとしてオリジナリティーを出しながら構築していくためには、こうした製品をあくまでも素材と考えて使うことがポ

下の写真は作例で使用した建物一式です。レイアウトに配置してみるとさほどの数に見えませんが、実はかなりの数が使われています。

ミニレイアウトながら戸数は20以上!!
作例ではKATO、TOMIX、トミーテック、グリーンマックス、津川洋行の製品を利用した。写真は一通り加工を終えた状態。

イントになります。イメージに合わせて部分的あるいは全面的に塗装を変えてみる、またスミ入れやドライブラシといった手法でウエザリングを施して自分のトーンに染めてしまう、などといった手もあります。こうしたアイデアを今回の作例からいくつかご紹介しましょう。

完成品利用の場合

塗装済み完成品となった建物を利用するときも、一手間加えることでレイアウトの中に違和感なく配置させることができます。特に質感調整がコツです。

▼ プラの質感を消す

プラの質感があると実感的に見えない部品もあります。そのようなときはつや消しクリアーを塗ることで落ち着きのある質感になります。

1 TOMIX製の木造駅舎
完成品加工の作例とした木造駅舎。ロングセラー製品だがローカル線から私鉄まで幅広く使える好ましいデザイン。

2 まずは分解する
作業内容にもよるが、一旦完全に分解するほうが効率的なこともある。再組み立てするため、構造を覚えておこう。

3 つや消しクリアーを吹く
建物の本体部、コンクリートの土台部につや消しクリアーを吹いてプラの質感を消す。プラ用缶スプレーが便利。

LINK p217 ウエザリング

▼ 塗装を変更&追加する

塗装変更は製品のイメージを大きく変える工作のひとつです。全体を塗り替えてしまうこともできますが、作例は屋根だけ変えてみました。

1 屋根の色を変更する
印象のはっきり変わる屋根の色を変更した。プラ用缶スプレーを利用。

2 窓枠に色を入れる
透明プラ製の窓は窓枠のモールド表現だけ。面相筆でプラ用塗料を色入れ。

3 再組立てする
各部の塗装が終わったら組み立て。以下の作業は完成状態がやりやすい。

▼ スミ入れをする

スミ入れはモールドの凹部に暗い色を入れて影を演出、凹凸をはっきりと見せる手法です。作例では建物全体の下見板、通風孔などが効果的です。

1 通風孔をスミ入れ
軒下の通風孔にスミ入れをする。薄めたエナメル塗料などで行なうが作例はタミヤの専用塗料（ブラック）を使用。

2 下見板をスミ入れ
下見板のスミ入れもタミヤの専用塗料を使用、筆塗りした。ここではトーンを和らげるため、ブラウンを選択。

▼ パステルでウエザリング

パステルはチョークのような顔料素材です。土埃に覆われたような表現ができます。完全定着はしませんが、ふだん触れない建物なら問題ありません。

1 パステルは粉末製品を使用
パステルは画材店でチョーク状の形状販売されており、それで直に描いたり、粉にして使用する。作例はGSIクレオス製のウエザリングパステル各色を使用した。あらかじめ粉末状になっているので使いやすい。

2 パステルは粉末製品を使用
ウエザリングパステルを柔らかい筆にとり、はたきつける、あるいはこすりつけるように塗っていく。完全定着をめざすなら作業後につや消しクリアーを吹くが、触れなければパステル粉のついた状態がほぼ維持できる。

次ページに続く ➡

未塗装キットを組み立てる

昭和の香りがする木造の「詰所」

詰所は、乗務員・保線区員・操車係など鉄道の現場で働く人々の事務所であり休憩所です。かつては中規模以上の駅ならどこにでもあった建物ですが、近年はめっきり減ってしまいました。木造となると、もうレアものです。しかし、線路わきに建てると昭和の鉄道らしい雰囲気が漂ってきます。レイアウトにはぜひほしい建物で、これまで何棟作ったか数えきれないほどです。

作例では未塗装キットも利用してみました。これはグリーンマックスのプラを主体とした製品で、いわゆる"プラモデル"となっています。今回はある程度組み立てたあとに塗装、ウエザリングと進めました。

建物本体だけを使った作例
グリーンマックス製の詰所には、建物だけでなく保線用トロッコ、ハシゴ、ドラム缶などもセットされている。適宜、活用していきたい。

▼ 構造は"プラモデル"

"プラモデル"を組んだ経験のある方なら説明書を読まなくても組めるほど、簡単な構造のキットです。ビギナーの習作にもおすすめです。

1 詰所の構成パーツ
屋根や床板、壁まわりをそれぞれ別のランナーに振りわけた構成。窓ガラス用の透明プラ板も付属している。

2 ランナーから切り離す
必要なパーツをランナー（パーツのまわりにある枝状の部分）から切り離す。ニッパーなどでていねいに作業する。

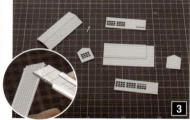

3 ゲートを修正する
ゲート（パーツとランナーをつなぐ部分）をカッターナイフなどでていねいに削り、パーツの形を整えておく。

▼ 建物を組み、塗装する

作例の詰所は基盤上に壁材を箱状に立てていく構造です。プラ用接着剤を使い、組み上げていきます。屋根はこの段階ではまだつけません。

1 壁材を組み立てる
壁材を組むときは、曲がりに注意して、建物の四隅はしっかり直角に。接着剤は流し込みタイプのものも使いやすい。

2 壁材が組み上がった状況
屋根や煙突は別の色に塗りたい。そのため、この段階では取りつけず、塗装後に組み立てる工程とした。

3 土壁部分を塗装
最初に窓上の土壁となる部分をつや消し白で塗る。白は色がのりにくいので、重ね塗り。塗料はプラ用缶スプレー。

▼ マスキングして塗りわけ

詰所本体は、土壁、下見板、そして土台と色調では3つの部分から構成されています。これを塗りわけて行きます。

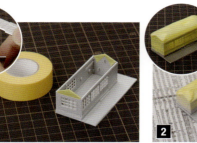

⊕ 塗装の荒れは筆塗りで補修するが、物によっては「経年変化の表現」にもなる。

1 マスキング
土壁を塗り終えたら、次は下見板用の色（タンなど）を塗る。前の塗装を十分乾燥させたあと、マスキングしていく。

2 缶スプレーで塗装
マスキング後、下見板を塗装。十分乾燥後、さらにマスキングして最後は土台部を塗装。すべてプラ用缶スプレー。

3 マスキングを剥がす
各部の塗装が終わったらマスキングを剥がしていく。塗装の荒れに気づいたら、この段階で補修しておく。

▼ 窓ガラスを取りつける

窓ガラスはキット付属の透明プラ板を使用します。窓ガラスの接着は瞬間接着剤を使うとガラス面が曇るので、プラ用接着剤などがおすすめです。

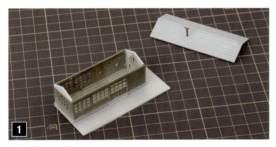
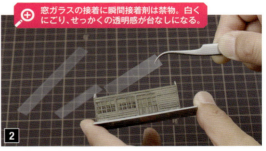

⊕ 窓ガラスの接着に瞬間接着剤は禁物。白くにごり、せっかくの透明感が台なしになる。

1 窓ガラスを作る
建物の内側には窓ガラスを入れる目印がある。これを参考にキット付属の透明プラ板を所定の大きさに成形。

2 窓ガラスを取りつける
成形した透明プラ板を建物の内側に接着していく。流し込みタイプのプラ用接着剤が使いやすい。

▼ スミ入れとドライブラシ

塗装を終えた詰所をより実感的に見えるよう加工していきます。ここではスミ入れを施したあと、ドライブラシで風雨にさらされた感じを表現しました。

⊕ スミ入れ塗料が生乾きの段階で綿棒などで表面をこすり余分な塗料を拭う。

パレット上の絵の具適度に調合して使用

1 スミ入れ
タミヤのスミ入れ塗料を使用。ちょっと凹凸を強く出してみたかったので、色はすべてブラックを使用。

2 屋根を取りつけ
ドライブラシのウエザリングは屋根も一体になっていた方がやりやすいと判断、ここで屋根を取りつけた。

3 全体をドライブラシ
アクリル絵の具を使ったドライブラシで全体の色調を整えていく。風雨にさらされた下見板の再現がポイントだ。

次ページに続く➡

塗装済みキットを組み立てる

作例では塗装済みキットを多用しています。キットの説明書どおりに組み立てていますが、スミ入れなどを追加しました。

塗装せずに組める製品だがここでも一手間追加しておきたい

Nゲージで利用できる建物製品では、塗装済みのキット方式となっているものもあります。これはKATO、グリーンマックス、ジオコレ（トミーテック）などから各種発売されています。物によって組み方などの構成は異なりますが、大半がビギナーでも安心して扱える製品となっています。

ここで作例としたのはジオコレの「火の見櫓・消防団車庫」です。都市部では減ってしまいましたが、今でもちょっと郊外に出ればよく見かける建物です。郊外をイメージしたレイアウトならぜひ設置したいアイテムでしょう。キットをそのまま組んでも素晴らしい情景となりますが、ここで

塗装済みキット方式で発売されているジオコレの「火の見櫓・消防団車庫」。郊外の集落に欠かせないアイテムのひとつだ。

はスミ入れによって鉄骨の立体感を強調、さらにドライブラシで屋根のリブにもハイライトを入れ、メリハリをつけてみました。

▼ キットを組み立てる

1 製品の構成パーツ
火の見やぐらと消防団車庫がセットになっているキットだ。火の用心などと記したステッカーも各種付属している。

2 構造をチェックして組み立て
付属の説明書どおりに組んでいけば問題ないが、扉を可動させたいときはここに接着剤がつかないように注意すること。

3 組み立ては接着剤を併用
ジオコレは部品をはめこむだけで組める構成となっているが、適宜プラ用接着剤も使いながら組みあげたい。

▼ ディテールの仕上げ

1 付属ステッカーを貼る
ステッカーから標語などを切り出して貼る。ステッカーにつや消しクリアーを吹いておくと落ち着いた感じになる。

2 スミ入れ
スミ入れ塗料あるいはエナメル塗料を溶剤で薄めたものを全体に塗り、生乾きのときに綿棒などで凸部の塗料を拭う。

3 ドライブラシ
筆にアクリル絵の具などをつけ、ティッシュなどで絵の具を拭ってからこすりつけ、凸部のハイライトを強調する。

第4章

レイアウト製作のための実物観察

レイアウトを作るうえで大切なことはいろいろありますが、中でも情景を作ることはもっとも大切なことのひとつではないでしょうか。その意味で実物を観察することが欠かせないのはいうまでもないでしょう。実際の情景写真を橋梁、トンネル、山、駅、鉄道施設、川、海などのテーマに分けて紹介していますが、あわせて模型化する際のポイントなどを詳しく解説しています。

Step Up

工作に絶対役立つ 実物を観察する

レイアウトやジオラマをよりリアルに作ろうとする場合、やはり実物（プロトタイプ）の観察が欠かせません。そのままスケールダウンすることは不可能ですが、実物を観察することで、模型化するポイントやエッセンスが見えてくるのです。

橋梁

川や谷を跨ぐ構造物、それが「橋梁」です。一般には「鉄橋」と呼ばれていますが、実は鋼材で作られた橋梁が鉄橋で、橋梁の一部なのです。

橋梁は、構造や材料によってさまざまな種類がありますが、日本の鉄道に多いのは桁を使ったガーダー橋、鋼材を三角に組んでいくトラス橋あたりで、このあたりはNゲージの製品としても各種販売されています。また、数は限られていますが、アーチ橋などもあります。なお、モデラーとして橋梁を観察するとき、全体の構造そのものも重要ですが、橋を支える橋台や橋脚にも目を配りましょう。特にレイアウトやジオラマに組みこむ際、リアルさを演出する重要なポイントとなります。

大糸線の平岩～小滝間にある大所川橋梁。大小の桁を組み合わせて架けられたガーダー橋だ。橋脚に付いている柵は比較的しっかりした構造なので、保線作業員の避難所と思われる。

肥薩線の鎌瀬～瀬戸石間にある球磨川第一橋梁。写真中央はトラス構造の上弦が弧を描き、曲弦トラスと呼ばれるもの。明治時代、アメリカから輸入されたもの。橋脚は石積み構造だ。

南阿蘇鉄道の立野〜長陽間にある立野橋梁。ガーダー橋の一種だが、橋脚の構造からトレッスル橋という。橋脚は末広がりに組まれた鋼材で、石積みなどより高くできるのが特徴だ。トレッスル橋は山陰本線の餘部（あまるべ）橋梁が有名だが、2010年に架け直されてしまい、今はない。

青梅線の川井〜古里間にある大丹波橋梁。鉄筋コンクリート製のアーチ橋だ。青梅線のこのあたりは、鉄材不足の戦時中に建設されたこともあり同様のアーチ橋が多く使われている。

上越線渋川〜敷島間にある第一利根川橋梁。線路の位置は左ページの球磨川第一橋梁は下路式なのに対してこちらは上路式。上路式は、橋梁構造内側にも鋼材が組み込め、強度を高くできる。

模型心をくすぐられるかなり変則的な橋梁。関西本線の三郷〜河内堅上間にある第四大和川橋梁。現地は昭和初期に大規模な地崩れが発生、そこで掛け直されたものだ。流れの中央に橋脚を建てることを避けるため、トラス橋で川を跨ぎ、その上にガーダー橋を架けている。

トンネル

2点間を結ぶ地下の通路で、山地や市街地などを迂回せずに進む構造として使われます。以前は隧道と呼ばれ、施設によっては名称として使用されています。

レイアウトやジオラマにトンネルを再現する場合、まず気になるのは出入り口に設けられるトンネルポータルと呼ばれる構造物です。明治・大正期はレンガや石を積み上げて作るのが一般的で、特別な意匠を凝らしてデザインされたものも数多くあります。昭和以降はコンクリートで被われる構造が増えてきます。また、トンネルポータルの周辺の処理も観察すべき重要なポイントです。切り拓いた山の土砂が崩れないように擁壁を設け、さらに落石止めなどを加えたところもあります。

草津線三雲〜甲西間にある大砂川トンネル。天井川をくぐる短い施設だが、建設は明治中期。レンガや石積みの意匠が美しい。

東海道本線湯河原〜熱海間にある伊豆山トンネル。トンネルポータルはコンクリートで上辺は中央部が高い台形だ。

中央本線古虎渓〜定光寺間にある愛岐トンネル。愛知県と岐阜県の県境にあり、トンネルの名称もそれにちなんでいる。

吾妻線岩島〜川原湯温泉間にあった樽沢トンネル。全長7mと日本一短いトンネルだったが、新線切り替えでなくなった。

かつて東海道本線で使われていた旧逢坂山トンネル。明治の鉄道黎明期、日本人だけで工事を進めた最初の鉄道用大規模トンネル。新線切り替え後、東口が保存され、石積みの構造などが残された。鉄道記念物や近代土木遺産にも指定されている。

山

山岳地帯の多い日本の情景を作るのには、山の観察も欠かせません。レイアウトに雄大な山を再現するのは大変ですが、うまく表現してみたいものです。

レイアウトやジオラマで山を再現する方法として、いちばん先に思いつくのは実際に起伏を作ってしまうことです。しかし、その後の作りこみが問題です。木々はどのように生えているのか、また、線路との関係はどうなっているのか、そのあたりの様子が判らないとリアルな山にはならないのです。線路との関係でいえば、切通しや築堤が交互に出てきます。また、雄大な山の表現方法として山の姿は背景画に描き、レイアウトには線路や山村の生活空間を表現する方法もあります。

大糸線の根知駅構内にある雪崩（なだれ）止め。山裾に設けられた構造物だが、背後には雪崩が起こりうる山の存在を実感させる。

富士急行の三つ峠～寿間。線路の勾配を極力避ける、あるいは一定にするため、山岳地帯でも築堤になっている区間は多い。切通しと築堤の繰り返し、そして曲線が山岳地帯の特徴だ。

山岳地帯の鉄道は勾配との戦いにもなる。写真は肥薩線の大畑駅。スイッチバックの線形で急勾配をジグザグに登っていく。

小海線の信濃川上～佐久広瀬間の情景。標高1,000ｍを超える高原地帯で、線路の背後にはカラマツの森が深く続いている。この森を再現するのは困難で、背景画に頼る工夫も必要だ。

都会の駅

レイアウトで必ず表現したいアイテムのひとつが駅でしょう。運転上の要になり、レイアウトの見どころにもなります。まずは都会の駅から見ていきます。

ひとことに「都会の駅」といっても規模や形態はさまざまです。例えば、線路が高架なのか、地平なのかという点でも構造は大きく変わってきます。さらに都市部では用地が限られていることもあり、駅舎を単独の建物とはせず、駅ビルとして商業施設を併設しているものもあります。また、駅は鉄道とほかの交通機関との結節点にもなっています。特に都会の駅ではバスターミナルやペデストリアンデッキ（右ページ写真参照）など、結節点としての効率を高める工夫も多く見られます。

鶴見線国道駅のホーム。線路は複線高架、ホームは対向式で典型的な都会の駅といえる。カーブした構内も変化があり面白い。

常磐線南千住駅。駅舎は高架下にあるが、ホームの風よけで線路と一体に見える構造だ。コンパクトな駅前広場にも注目。

新宿駅の"大ガード"を靖国通り側から見たところ。駅の奥に高層ビル街が見える。都会は夜景でも再現したいアイテムだ。

京都駅。都市の玄関口ともなる駅は一般的に構内も広い。レイアウトに再現するとき、ここから特徴的なエッセンスを拾い出す。

上野駅。昭和4年（1929）に竣工した駅舎は首都の北の玄関口として堂々たる雰囲気。こうした姿も駅の魅力のひとつだ。

中央本線三鷹駅。駅前広場にはバスやタクシー乗り場が設けられ、ほかの交通機関との結節点となっている。

京浜東北線川口駅。駅の周辺はペデストリアンデッキで歩行者と自動車の通行エリアを分けている。これも都会の駅に多い。

中央本線荻窪駅。ここは地平駅となっているが、周囲に商業ビルが建ち並び、まるでビルの谷間のような様相だ。

ローカルの駅

ローカル線の駅にも独特な味わいがあり、表現したいアイテムです。近年はポップなデザインの駅舎が増えてきましたが、ここでは古いものを紹介します。

ローカル線の駅舎といえば、木造で改札口と一体になった待合室といったイメージではないでしょうか。木や漆喰壁といった構造が旅人を暖かく迎えてくれ、それが大きな魅力にもなっています。国鉄の場合、大正から昭和にかけて日本全国に路線網を拡張。その際、地方の駅まで一々設計していると大変なので、「小停車場本屋標準図」を作成、それを使いながら実情に合わせて建設しました。今、ローカル線の駅舎として馴染み深いパターンは、多くはこの標準設計によるものです。

釧網本線の北浜駅。模型化しやすい小さな駅舎だが、今、オホーツク海にもっとも近い駅として観光客に人気のポイント。

小湊鐵道の月崎駅。北浜駅とほぼ同じ規模の駅舎。駅前はシンプルな広場。植栽のないガランとした感じも味わいのひとつ。

肥薩線真幸駅。明治44年（1911）に竣工したもので、宮崎県最古の木造駅舎だ。ちなみに同県で最初に開設された駅でもある。

八戸線の鮫駅。屋根は駅舎、ホームとも葺き替えられている。ホームと線路の様子なども参考にしてもらいたい。

富士急行下吉田駅のホーム待合室。シンプルな屋根の下に近代的な待合室も増設。このあたりで今のローカル線を表現しよう。

大糸線の信濃大町駅。ローカル線といっても主要駅では大きな駅舎を構えた駅もある。屋根は雪国で多く見られる構造だ。

東海道本線美濃赤坂駅の貨物ホーム。現在使用されず、ホーム前の線路もなかったが、貨物を扱っていた時代も作ってみたい。

肥薩線の坂本駅。ゆったりとした構内にかつての繁栄を伺わせる。当時、貨物を扱っていた引込線は保線基地になっている。

貨物駅

鉄道における旅客輸送と貨物輸送の分離が進められた今、貨物駅を見る機会はあまりないと思います。しかし、貨物列車の運行には欠かせない施設です。

貨物駅は貨物専用に設置された駅で、貨物ターミナルの名称を使う駅も多くあります。国鉄晩年、貨物輸送の合理化が進み、列車の多くは拠点となる貨物駅間をコンテナ列車で直通、そこからトラックに積み替えられ、ユーザーの窓口へと届けられるシステムになりました。そのため、現在の貨物駅はトラックとコンテナ貨車間のコンテナ積み替えに便利な構造となっています。一方、石油やセメントでは専用の貨車を使います。こうした貨物列車も引き続き運行されています。

隅田川駅のコンテナ積載風景。構内はフォークリフトやトラックが自由に動けるよう平坦に舗装されている。

百済貨物ターミナル駅。荷役を行なうホームは広く、コンテナを仮置きする場所にも使われている。

関西本線の富田駅。当駅から分岐する三岐鉄道〜四日市間でセメント列車が運行されている。

隅田川駅。貨物駅では貨車の組み替えなどをする入換作業も行なわれる。写真はハイブリット式の新型HD300形機関車。

北九州貨物ターミナル駅。この写真でも全貌を押さえきれないほど、実物の貨物駅は広大な面積を持っている。

鉄道との交差施設

鉄道と道路の交差部は、踏切のほか橋あるいはトンネルによる立体交差もあります。模型にしてみたい施設をいくつか紹介しましょう。

踏切は保安設備の状態で4つに分けて管理されています。一番多いのは自動警報機と自動遮断機を備えたもので、日本の大半の踏切がこの構造になっています。シンプルなのは標識のみ設置され、警報機と遮断機ともないものですが、危険なので警報機などの設置が進んでいます。

歩道の場合、跨線橋による立体交差もよく見かけます。また、築堤の下をトンネルでくぐり抜ける施設もあります。構造はトンネルですが、大半が管理上は鉄道側から見た橋梁となっています。

自動警報機と自動遮断機を備えた踏切。踏切の区分では第1種となる。現在では照明や障害検知器などを付けた踏切も多い。

常磐線三河島～南千住間にある架道橋（第3三の輪ガード）。明治時代に造られた構造物で、北側はレンガ造りになっている。

東海道本線山科～京都間、東山トンネル出口付近にある跨線橋。跨線橋のわきの柵は双頭レールの廃材利用という超レアもの。

日暮里～鶯谷間にある跨線橋（芋坂人道橋）。橋脚などは古レールで組まれ、華奢に見えるが、なかなか美しい橋だ。

自動警報機と自動遮断機のない第4種踏切。ここでは自分で操作する手動遮断器が備えられ、列車への注意を喚起している。

車両基地

車両を保守管理するための施設で、検修庫や洗車台などさまざまな設備が用意されています。模型では車両の留置施設としても実用的な役割を果たします。

実物の車両基地は、機関車、電車、気動車、客車、貨車と取りあつかう車種によって施設がわかれています。例えば、ターンテーブル（転車台）は、蒸気機関車（SL）の基地には欠かせない施設です。テンダー式の蒸気機関車は走る向きが決まっており、適切な向きで出区しなければならなかったのです。また、電車・気動車・客車を管理する基地では、洗車台や洗車装置を備えています。お客様の目に触れる車両を、いつも美しい状態で走らせるため、これも重要な設備なのです。

肥薩線の人吉駅にある機関庫。かつては人吉機関区として多くのSLが配置されていたが、今は気動車の点検に使われている。

人吉機関庫の中央部は石造り。明治時代に建設されたもので、こうした構造の現役機関庫は唯一の存在。近代化産業遺産。

中央本線三鷹駅に隣接した三鷹車両センター。中央・総武緩行線などで運転される車両の検修や清掃など保守管理を行なっている。

三陸鉄道の久慈にある車両基地。車庫内では台車を外して分解整備も行なっている。

台車を外す際、車体を支える仮台車。これも車両基地の必需品。いすみ鉄道にて。

車両基地では動輪などをモニュメントとしているところも多い。JR貨物吹田機関区。

転車台はSLを扱う機関区の必需品。一般車両の転向にも使えるため、残されているケースもある。JR西日本長門鉄道部。

JR貨物の新鶴見機関区。写真右側は出区前の仕業検査を行なう場所で、検修庫より簡素なつくりとなっている。

昭和の雰囲気を留めた小湊鐵道の五井機関区。検修庫の構造や色調にも注目。検修庫の右側に見える門状の設備は洗車装置。

川

川もレイアウトやジオラマに表現してみたいモチーフのひとつです。目が行ってしまうのは水の表現ですが、川全体の雰囲気も注意深く観察しましょう。

実物の川は、上流、中流、下流、そして河口と表情を変えながら流れています。たとえば、上流域では川幅が狭く、水量も少なめです。一方、谷は深く、切り立ったV字谷を形成するところもあります。中流域に入ると川幅が広がり、川原も現れます。一概にはいえませんが、谷も広く開けてきます。そして平野部に出ると、もう下流域です。水量はぐんと増え、ゆったりと流れていきます。そして海に流れ出す河口域。川原も砂や泥が中心となり、船を係留する岸壁などもあります。

五能線陸奥赤石駅付近の赤石川。背後はすぐ日本海で、川原は細かい砂地となっている。右奥に見えるのは岩木山。

鶴見川の河口部。奥に見える橋梁は鶴見線。このあたりの川岸は漁船の係留に使われ、桟橋状の構造物なども見られる。

ゆったりと惰行して流れる最上川の下流部。眼下の清川橋（山形県道361号線）の左側に陸羽西線の列車も見える。

南伊豆町を流れる青野川。堤には桜が植えられ、春の訪れとともに美しく彩られる。こんな情景もレイアウトに再現したい。

栃木県を流れる渡良瀬川の中流部。列車はわたらせ渓谷鐵道。川原は上の青野川と違って石が多く、さらに上流の様相だ。

四万十川支流の広見川。「日本最後の清流」として名高い四万十川の支流だけに水もきれいに澄んでいる。列車は予土線。

❶日本の滝百選に数えられる浄蓮の滝。狩野川上流部の本谷川にあり、滝の両脇に見える岩の形状も面白い。模型ではこのあたりの作り込みも楽しい。❷上流部ではニジマスやヤマメなどの管理釣り場として活用しているところもある。プール状の仕切りが一般的だ。多摩川にて。❸もはや源流部といってもいい流れ。南アルプスの聖岳から流れ出した遠山川。この日は雨で水量が多く、白波ばかり目立っていた。

海

四方を海に囲まれた日本。実際のところ、海ぎわを走る鉄道はごく限られているが、模型の世界では何とか取り入れてみたいモチーフです。

自然の海は、砂や砂利に覆われた浜、岩場が続く磯からなり、それが交互に現われ、美しい景観を作りあげています。ただし、人々の営みがある場所では、防波堤（ぼうはてい）が築かれ、また"テトラポッド"として知られる消波（しょうは）ブロックを並べたところも多く存在します。また、湾内や河口部には港が設けられているところもあります。レイアウトやジオラマでは、自然景観だけにこだわらず、こうした防波堤や消波ブロック、そして港湾施設などを作りこむと変化が出て見どころとなります。

西伊豆の仁科漁港。岸壁に傾斜を付け、漁船を引き上げられるようになっている。桟橋には係留金具も必要だ。

砂浜と磯が交互におりなす典型的な海岸線。波の立ち方や砂浜に打ち寄せられた漂流物などにも注目。西伊豆の松崎にて。

浜は砂だけでなく、石で覆われたところもある。大きさは場所によって大小あるが、いずれも丸い。湯河原海水浴場にて。

防波堤となる護岸構造も多種多様。近年施工のものはコンクリートで覆ったものが多いが、写真は石積み。八戸港にて。

レイアウトやジオラマの参考にするなら施設を俯瞰するとわかりやすい。個々の設備だけでなく、全体の配置も大いに参考になる。

第5章

レイアウト・ジオラマの世界

レイアウト製作をめざすためにはたくさんの作品に触れることが大切です。ここでは筆者がこの10年ほどのあいだに作った作品を紹介しています。ほとんどが初心者向けの作品で、これからレイアウトを作る人に役立ちそうなヒントがちりばめられています。ディスプレイケースに収められるような小さな作品から、900×600㎜の大きさに展開する作品までさまざまです。

Step Up: さまざまなレイアウトを観察してみよう

レイアウト＆ジオラマ作りのヒントの一助として筆者の作品をいくつかご紹介しましょう。主にこの10年ほどの期間に製作したものですが、次々と発売される製品を前に技法なども試行錯誤を繰り返しています。今でも役立ちそうなものを選びました。

240×130mmのジオラマ2題

木造機関庫と石造りのアーチ橋

展示ケースの中に小さな車両基地を表現

レイアウトやジオラマは、完成後のほこり対策が実は大きな問題です。樹木などどうしてもほこりまみれになりやすく、せっかくの作品が台なしにされがち。そこで最初にケースを用意、その中に納まる情景を模索するという発想で作ったものです。ケースはタミヤのディスプレイケース。いくつか種類があり、作例は内寸240×130×110mmの「C」。KATO製木造機関庫が余裕を持って収まる大きさで、それを中心に小さな車両基地に仕立てました。線路は木造機関庫の構造上、KATO製道床付き線路を使っていますが、線路間

マッチ棒の軸を並べた通路に人形を設置しているところ。線路まわりのリアルな表現に注目。機関庫上屋は取外し可能。庫内にもガラクタを並べてある。

も発泡スチロール板で嵩上げ、バラストのほとんどないローカル線の車両基地的な雰囲気に仕上げています。ちょっとした車両展示台にもなるので、ジオラマ習作にはもってこいのテーマではないでしょうか。

洗浄台や変圧柱はグリーンマックス製キットを利用。そのほかにもドラム缶や箱など細々したものを配置して雰囲気を盛りあげている。

● 初出『鉄道模型Nゲージ BOOK』(成美堂出版/2002)／製作期間：3日間／製作費：約1万円

アーチ橋をメインに据えたジオラマ。線路をやや斜めに配置、アーチ橋も中央部から少しずらし、全体のバランスを調整してある。

●初出『鉄道模型Nゲージを楽しむ2016年版』(成美堂出版/2016)／製作期間:2日間／製作費:約5,000円

石造りのアーチ橋は トンネルポータル利用

　仕事で明治時代に造られた石造りのアーチ橋に触れる機会があり、むらむらとイメージが湧き上がって製作したものです。肝心のアーチ橋はモデラー仲間・岡倉禎志さんのアイデアで、トンネルポータルをつなぎ合わせたもの。高さを詰めると俄然アーチ橋らしく見えてきます。その下を流れる水はターナー色彩のアクアシリーズを使用しました。これもタミヤのディスプレイケースに収めましたが、今度は情景の大きさから内寸240×130×140mmの「D」を選んでいます。

アーチ橋は津川洋行製の単線トンネルポータルをつなぎ合わせて作ったもの。つや消しグレーで塗装後、スミ入れ、ドライブラシ、さらにはパステルをこすりつけ、石の質感を表現した。

タミヤのディスプレイケースに収めたジオラマ。ケースに埃はかかってしまうが、作品そのものは今も快適な状態。

A3サイズの超小型レイアウト

海辺の町を走る路面電車

路面用パーツを使えば
併用軌道も手軽に再現可能

　路面電車用の併用軌道は、現在KATO、TOMIXの両社から各種製品化されていますが、以前は自作しなくては表現できないテーマでした。作例はTOMIXの「路面用パーツキット」を利用したもので、これは道床付き線路に被せて使います。道路と線路が一体になった製品もあります。

　さて路面用パーツキットは半径103mmというTOMIX最急の曲線線路にも対応しており、これがA3サイズ（420×297mm）という小さなスペースでも路面電車のレイアウトを作れる条件を整えてくれたのです。ベースボードは画材店で購入したパネルを利用しました。

　道路は路面用パーツ以外、グレーの厚紙で作ってあります。一部はバラストがむき出しになった専用軌道として、線路の表情に変化をつけてみました。建物は大半がジオコレを活用したもので、グリーンマックスの製品も適宜利用しています。

　なお、川から海に至る水は木工用接着剤で表現しました。水のベースは平らで、アクリル絵の具で色をつけた上に木工用接着剤を塗り重ね、さざ波や水の質感を表現してみました。身近な素材でもそれらしく表現できる、おすすめの技法です。

❶ 併用軌道の表現はTOMIXの路面用パーツ。両脇の舗装面は厚紙で自作。路面用パーツと厚紙の隙間が難点で、今後の課題となった。
❷ 建物はトミーテックのジオコレを活用したもので、台座ごと厚紙で作った道路面に接着。随所に人形を配して物語を演出。
❸ エンドレスの内側に引込線を1本設け、停留所とした。線路の片側はあえてバラストを見せ、変化をつけている。

水面は木工用接着剤を塗って仕上げたものだが、結構リアルに見える。ボートが係留された小さな桟橋はプラ材から自作。はしごはプラ製のホーム柵を利用。

A3パネルに展開する路面電車の走るレイアウト。机の上で工作できる手頃なサイズで、ディテールの作りこみもやりやすい。水の表現は木工用接着剤。

●初出『鉄道模型Nゲージを楽しむ2009年版』(成美堂出版/2008)／製作期間：約1週間／製作費：約2万円

橋から川を見おろした情景。水面の製作方法は海部分と変わらないが、岸辺の表現で川らしく見せている。道路橋はグリーンマックス製品。

プラットホーム1本だけの小さな駅。右の写真では木造旅館の陰に隠れて、ほとんど見えない。この写真では電車の走っている線路も駅の一部に見えるが、実は駅の裏側を走る本線（エンドレス）の一部。

600×300mmの小型レイアウト

渓流沿いを走るローカル私鉄

小さなスペースでも山や川のあるレイアウトができる

　一般的にはモジュールレイアウトやジオラマのベースとして使われる600×300mmパネルに作ったレイアウトです。A3レイアウトでも使用したTOMIXの半径103mmの曲線線路（商品名はスーパーミニカーブレール）を使うことで、このスペースにもエンドレスを作ることができました。この曲線を通過できる車両は限られてしまいますが、レイアウトとしては十分楽しめます。

　情景のイメージは飯田線の城西〜向市場間にある第6水窪川橋梁です。地形の制約から川を渡らずに同じ岸に戻ってくるという変わった橋梁です。実物はガーダー橋ですが、ここでは工作の都合からコンクリート橋としました。川面から線路面までは10cm近い高低差をとって渓谷らしさを表現、その分、さらに山も急傾斜で立ち上がり、全体に起伏のあるレイアウトとなりました。短いトンネルも設けてあります。渓谷の反対側にはプラットホームだけの駅を設置、隣接して3階建ての木造旅館を1軒建てました。これによって線路が隠れ、裏表で別の情景を楽しむことができます。

LINK　p82 鉄橋

600×300mmに展開するエンドレスを組みこんだレイアウト。山と渓谷で起伏のある山岳風景を表現している。川を渡らない橋梁は飯田線第6水窪川橋梁がヒント。

●初出『鉄道模型Nゲージを楽しむ2014年版』（成美堂出版/2014）／製作期間：約1週間／製作費：約1万円

線路わきの石垣上で電車を見送る親子。石垣はグリーンマックスの製品利用。さまざまな塗装を重ねて石の質感を表現したもの。石垣を被う草なども臨場感を演出してくれる。

カーブを周りこんでくる電車。実はこのレイアウト、直線はほとんどなく、半径103mmのカーブが連続している。走行可能な動力車は限られるが、写真のような小型電車単行運転が似合う。

600×300mmのジオラマ

一畑電車イメージの駅ジオラマ

実物の出雲大社前駅をモチーフに製作

「一畑電車」は島根県を走る実在のローカル私鉄です。明治時代に一畑軽便鉄道として創立、近年まで一畑電気鉄道の社名で運行されてきたなかなか歴史ある鉄道です。出雲大社への参拝客を運ぶ目論見もあり、参道わきに出雲大社前駅があります。この駅舎は昭和5年（1930）に竣工したもので、緑色の瓦屋根やステンドグラスが印象的。今では国の登録有形文化財にも指定されています。

このジオラマは、この出雲大社前駅をモチーフに作ったものですが、街並みや線路配置はすべて創作。駅舎にしてもエッセンスを表現しただけで、スケールモデルとは言えない作品です。しかし、こんなアプローチもあるんだということで、ご紹介させていただきます。

駅舎は全体の形状とステンドグラスの表現がポイントです。ステンドグラスは実際に撮影してきた写真をNゲージサイズに合わせてプリント、それを貼り込んだもの。いい加減な表現ですが、結構それらしく見えます。そのほか、ポスターなども現地で撮影した写真を利用しています。駅舎の屋根瓦は数種類の緑色をまだらに塗っていますが、実物の絶妙な質感には程遠く、いずれ何とかしたいと考えています。

街並みを形成する建物は、ジオコレやKATOの製品ですが、何棟かの屋根瓦はクリアーレッドを吹き重ね、現地でよく見られる石州瓦を表現してみました。駅正面の道路は出雲大社の参道で、実物は松並木となっています。このジオラマでも参道部分の樹木はすべて松としました。

線路はTOMIX製の道床付き線路を使用。駅構内の情景は創作したものだが、一畑電気鉄道時代に活躍していた電車を入線させると、それらしい雰囲気に見えてくる。

600×300mmのパネルに作った一畑電車風の駅情景。建物の屋根瓦は雪国に多い釉薬（ゆうやく）を効かせたイメージでつやを出した。そのうちの数軒は赤い石州瓦としてある。

個性的なデザインの出雲大社前駅をモチーフに自作した駅舎。窓枠などは各社の建物キットなどを活用。ステンドグラスは実物の写真を貼って表現している。

プラットホームは近代的な構造のTOMIX製品を配したが、ややクラシカルな上屋根を加え、駅の雰囲気にマッチさせている。

駅わきに立っている一畑電車の応援看板。これは実際に一畑口駅前に立っていたもの。写真に収め、模型の看板に仕立てた。

●初出『鉄道模型Nゲージを楽しむ2010年版』(成美堂出版/2009)
／製作期間：約1週間／製作費：約2万円

5 レイアウト・ジオラマの世界

1200×300mmのジオラマ
都市部の車両基地

車両の展示台としても楽しめる車両基地のセクション

　都市部あるいはその近郊でよく見られる電車を中心とした車両基地（電車区）を作ってみました。実物の車両基地は、JR規模なら全長にして1〜2kmはあり、Nゲージでもスケールでの再現は不可能です。作例ではNゲージの運転に手頃な4両編成を数本納められる程度として、車両基地のエッセンスを盛りこんで雰囲気を出すことにしました。ベースはKATO製の「モジュールパネル1200」（1,200×300㎜）を使用しています。

　さて電車区らしさを表現するには、どのような設備が必要でしょうか。それには車両基地の仕事の内容を知ると見えてきます。基本的なパターンの一例としては①入区→②清掃→③検査→④待機→⑤出区前の仕業検査→⑥出区となります。①⑥のためには本線とつながる出入区線が必要です。その途中には本線運転士と構内運転士が乗り継ぐ乗降台を設けている例もかなりあります。②では洗浄線や洗浄台が必要です。さらに車体洗浄機を備えているところもあります。③は検修庫と呼ばれる車庫で行なわれます。④のためには留置線も必要。⑤の検査は③に比べて簡便なものとなるので、留置線など屋外で行なわれることもあります。

　こうした動きを考えつつ、ジオラマに取りこむ要素を選んでいきます。どうしても欲しいのは留置線と検修庫でしょう。車体洗浄機も検討しましたが、このサイズでも設置が難しく、これは洗浄台で我慢しました。なお、留置線にはパンタグラフ点検台も設け、電車を扱う基地らしさを演出しています。また、車両基地で働く人々や乗務員のための事務所も必要です。このほか、照明塔、時計などのアクセサリーも用意しました。

電車の手前に設置された高い台がパンタグラフ点検台。近年の電車区には欠かせない設備だ。架線柱も製品を延長して設置している。

E231系（写真中央）のヘッドライトが灯った。電車は本線乗務員の待機する乗降台までゆっくり進んでいく。

検修庫裏の情景。ジオラマとして鑑賞するとき、こうして覗きこめる所があると楽しい。庫内のディテールも作りたくなる。

検修庫わきに設けた洗浄線。電車区の想定だったが、電気機関車を入線させてもおかしくない。モデルならではの遊びだ。

1,200×300mmに作りあげた電車区のジオラマ。KATO製の道床付き線路を使用、ジオラマの両端は線路を接続させることも可能。鑑賞用だけでなく、フロアー運転などに組みこんで楽しむこともできるようにした。

●初出『鉄道模型Nゲージを楽しむ2016年版』（成美堂出版／2016）／製作期間：約1週間／製作費：約6万円

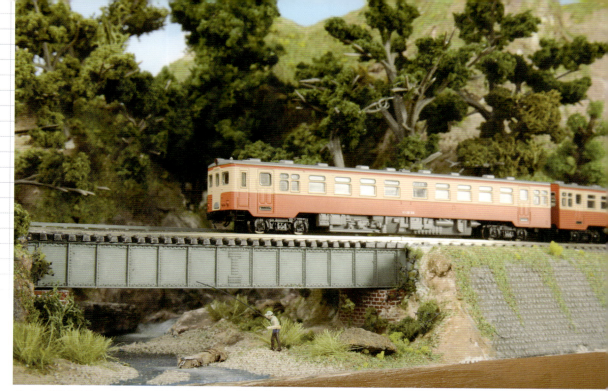

ガーダー橋を渡るディーゼルカー。渓流は98ページの作例同様、基盤に色を塗ったもの。ただし、水表現は木工用接着剤で行なっている。

900×600㎜のレイアウト①
昭和ムードの国鉄ローカル線

900×600㎜でも変化に富んだ情景が楽しめる

　KATOやTOMIXから製品化されている900×300㎜のベースボードを使ったレイアウトです。このサイズだとレイアウト全体が一目で見えてしまい、情景的な変化はつけにくいと思われがちです。作例では中央部を横切るように山を設け、表と裏で違った情景を表現するように心がけました。具体的には駅側はちょっとした集落、裏側は耕作地や渓流をあしらい、それぞれ別の雰囲気で楽しむことができます。

　線路はKATO製の道床付き線路です。一部に半径216㎜という急カーブも使用しましたが、国鉄ローカル線で活躍していたような車両であれば、走行には問題ありません。線路配置はエンドレスの本線を基本にしました。小型レイアウトの場合、線路延長を長くとることは物理的に困難です。そのため、ロングランを楽しむためにはエンドレスの配線が不可欠といってもよいでしょう。ただし、それだけでは視覚的にも運転的にも変化が乏しいので、ポイントをふたつ組みこみ、内側と外側に枝を出しています。内側は行き止まり式の終着駅、外側は留置線としてあります。

　地形構造は120ページから紹介した900×600㎜の作例と基本的には変わりません。地表もKATO製のプラスタークロスで作ってあります。ただし、山の標高をかせぎたかったため、その骨組みにはペットボトルを多用しました（137ページ参照）。建物は、KATO、TOMIX、トミーテック、グリーンマックスと各社の製品を活用。昭和40年ごろのイメージに合うものを選んでいます。

900×600mmに作ったレイアウト。この角度からでは左ページの渓流、下写真のSカーブなどはまったく見えず、このスペースでもさまざまな情景を楽しめることがわかるだろう。これがレイアウト設計のポイントだ。

●初出『始めよう！鉄道模型レイアウト』（成美堂出版/2011）／製作期間：約10日間／製作費：約7万円

DF50の牽く客車列車。客車の屋根を見ればわかるように、本線は微妙にSカーブが組み込まれている。地形にあまり逆らわないようにして敷設されるローカル線の線形を表現してみた。

矩形のレイアウトではどうしてもコーナー部に余地ができてしまう。作例ではここに屋敷林のある農家を設置、あえて線路を隠した。家の隙間から走っていく列車が見えるのも楽しみだ。

ボンネットバスやタクシーも姿を見せる駅前広場。作例はまだ舗装が行き届いていない時代を表現している。未舗装の道路はプラスターを平らに塗って塗装とパステル粉で仕上げている。

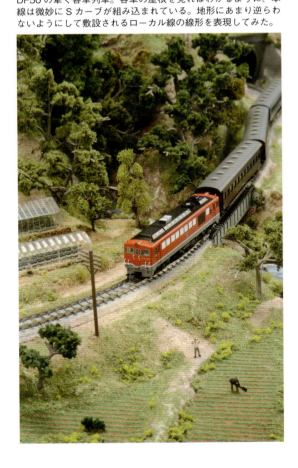

900×600mmのレイアウト② 平成ムードのJRローカル線

新旧の情景が混在する現在のローカル線を再現

　これも900×600mmのベースボードを使ったレイアウトです。前ページの作例は昭和ムードとしましたが、こちらは平成時代、"現代の姿"がテーマです。とはいえ、建物はすべて今風に新築されたものばかりではありません。駅前商店などは古い建物も残り、新旧の混在した情景が見どころにもなっています。

　作例の線路はTOMIXの製品を使っています。実は駅構内踏切のそばに設置されているのはY字形ポイント。これは左右均等に振りわける構造で、国鉄/JRなどのローカル線でよく使われてきたポイントです。今では高速化のために改修されてしまった駅もありますが、模型ではぜひ表現しておきたいと考えました。このポイント（道床付き）は唯一TOMIXから発売されており、その条件から使用線路メーカーが決まったのです。

　ここでは川も"現代の姿"を現す重要なテーマとなりました。特に平地を流れる川は護岸がしっかり施され、惰行部分も直線化されていることがあります。また、この川を渡る橋梁はカーブしたコンクリート橋としました。これは高架用線路を利用したものですが、このあたりでも新しい鉄道の姿が見えてくると思います。

　なお、山中には森に囲まれた神社があります。鎮守の森として、うっそうとした感じです。神域は時を超えて引き継がれ、今もこうした姿が残っているのです。ただし、山の頂上には携帯電話用のアンテナも立っています。私たちの生活に欠かせない必需品で、これも"現代の姿"と思います。

山間を走るJRのディーゼルカー。崖は切り立つが、山はできる限り標高を稼いだ。900×600mmでも雄大な情景は作れる。

上／駅わきの児童公園。遊具はジオコレなどの製品利用。今はこのようなアクセサリーまで製品化されており、驚かされる。
下／踏切わきの民家。これもジオコレの製品だが、昭和～平成の建築物と考えて選択。ガレージのミニカーも時代が現われる。

900×600mmに作ったレイアウト。非電化ローカル線だが、JRとなった"現代の姿"を再現している。道路や建物、車両などで時代が出てくる。特に山頂にある携帯電話用アンテナは平成であることを主張している。

●初出『鉄道模型Nゲージを楽しむ2015年版』（成美堂出版/2015）／製作期間：約10日間／製作費：約5万円

上／ローカル線の駅では構内と道路などが明瞭に区分されていないところが多い。柵も途中で途切れ、出入りは自由自在。
下／建設中の民家。これもジオコレの製品だが、ワンボックスカーで乗り付けた大工さんの姿もあしらってある。

山間の神社。小さな境内は樹木で囲まれ、本殿背後には岩山がそびえている。これは142ページで紹介した石膏製だ。

5 レイアウト・ジオラマの世界

195

900×300mmのスペースに箱根登山鉄道のイメージを凝縮。左上にある駅はスイッチバック構造。手前の小田急ロマンスカーの看板を掲げたホーム上屋は実物の箱根湯本駅を模したものだ。

●初出『Nゲージレイアウトを楽しむ鉄道模型入門』（成美堂出版/2007）
／製作期間：約2週間／約8万円

900×600mmのレイアウト③
箱根登山鉄道風レイアウト

箱根登山のイメージをコンパクトに表現

　箱根登山鉄道は、その名の通り箱根を走る登山鉄道です。天下の嶮と歌われた急峻な地形を走り、粘着方式では日本最急となる80‰（パーミル）が連続、スイッチバックも3か所あります。このイメージを900×600mmのスペースに表現してみました。

　一番の難関はスイッチバックです。これはポイントを使って列車を折り返し運転させる線形で、山間部の地形に対応する手段などとして使われます。この線形をそれらしく再現するため、リバースを基本とした配線を考えました。右ページに製作途中の写真を入れてありますので、これでご想像ください。左上山頂部がスイッチバックの駅です。なお、作例の線路はTOMIX製。勾配区間の路盤はホビーセンターカトーで取り扱っている

Woodland Scenics社製の勾配線路用のサブテレインを使用。発泡スチロールを蛇腹状に成形したもので、単体で2％、3％、4％の正確な勾配が作れ、また、曲線にすることもできます。その組み合わせでさらなる急勾配を作ることも可能です。作例では4％＋4％で実物同様の8％（＝80‰）も再現しています。もちろん、事前に入線予定車両を使ってテストを繰り返し、カーブした80‰勾配も走行できることを確認しました。

　このほか、箱根登山鉄道のイメージを取り入れたのは箱根湯本駅のホーム上屋（紙で自作）、通称"出山の鉄橋"（正式名は早川橋梁。形状はかなり異なるが、TOMIXの単線トラス橋で代用）あたりでしょうか。後は箱根散策の折に集めたパンフレットを切りぬき、レイアウト内の広告看板として活用しています。地形は137ページの作例と同じくペットボトルを多用した骨組みにKATO製のプラスタークロスで作りました。

LINK ▶ p138 プラスタークロスで地面を作る

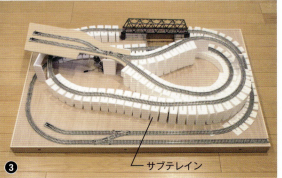

サブテレイン

❶ "出山の鉄橋"。水面は表面に小さな凹凸のある青い半透明ビニールシートを貼り重ねたもの。❷ 大平台と命名した山頂の駅。線形はスイッチバックで、ホームは行き止まり式。❸ 製作中のレイアウト。勾配をつくるサブテレインの使用状態や線形の様子がわかるだろう。

900×600mmのレイアウト④
"江ノ電"風レイアウト

湘南海岸を走る路面電車の情景を再現

"江ノ電"こと江ノ島電鉄は、古都・鎌倉と藤沢を湘南海岸沿いに結んで走る鉄道です。路面電車のような併用軌道、道路わきの専用軌道、さらには民家の軒先をかすめるように走る区間もあり、旅人にも人気の電車となっています。作例はそんな江ノ電のイメージを盛りこんだものです。

このレイアウトの製作当時、併用軌道を表現する素材はTOMIXの路面用パーツしかなかったため、線路は必然的にTOMIX製の道床付き線路となりました。線形的にはエンドレスにポイント1つとシンプルですが、ここでは途中にくねくねと曲がった美しいSカーブを織りこむべく、つなぎ方を試行錯誤しています。

線路配置が決まったところで、情景のデザインを考えていきます。実物の腰越~江ノ島間にある併用軌道、そして海岸沿いの専用軌道は江ノ電を印象づけるポイントです。さらに古都らしく寺社仏閣の表現も欠かせません。これは併用軌道わきにある龍口寺の山門、御霊神社の参道を江ノ電が横切るシーンなどからイメージを抽出しました。このほかにも「江ノ電らしさ」を演出するポイントをいくつもちりばめてあります。

海は例によって海面だけを表現する手法ですが、作例ではプラスターで大まかなうねりを表現してから塗装、表面は木工用接着剤で仕上げています。

なお、このレイアウトではトンネル区間のメンテナンスを行なうため、トンネルポータルから上の山がそっくり外れる構造(129ページ参照)としました。清掃は元より、万が一の脱線も安心です。

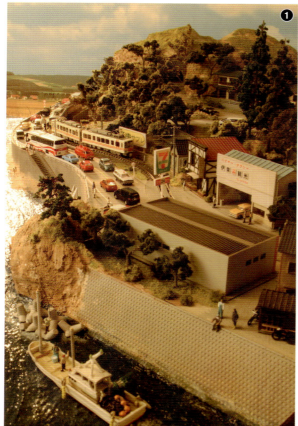

❶湘南海岸を走る江ノ電。道路は慢性的な渋滞だが、電車はすいすい走る。❷サーフボードを持ったサーファーも湘南の情景。ボードはプラ板から製作。❸江ノ島駅そばの龍口寺をイメージした情景。托鉢や参拝者の人形も効果的だ。

併用軌道はTOMIXの路面用パーツを使用。電車が自動車を隅に追いやってそろそろと進んでいく腰越〜江ノ島間の雰囲気を再現している。このあたりの建物はジオコレを中心にまとめた。

家の壁に江ノ電の電車の顔が！ 沿線で「江ノ電もなか」を製造販売する扇屋は、廃車になった電車の顔を譲り受け看板代わりに使用中。車種は異なるが、その様子を表現した情景だ。

くねくねと曲がるSカーブ。江ノ電に限らず、こんな線路に魅了される。曲線の向きが変わるところには、短いながらも直線線路をはさみ、スムースに走行できるように心がけてある。

900×600mmのスペースに江ノ電沿線の情景が展開する。面積的にはわずかなものだが、レイアウトの長辺900mmに渡って続く海岸線で湘南らしさが演出されている。

●初出『もっと楽しいNゲージ鉄道模型レイアウト』（成美堂出版/2010）
／製作期間：約2週間／約8万円

5 レイアウト・ジオラマの世界

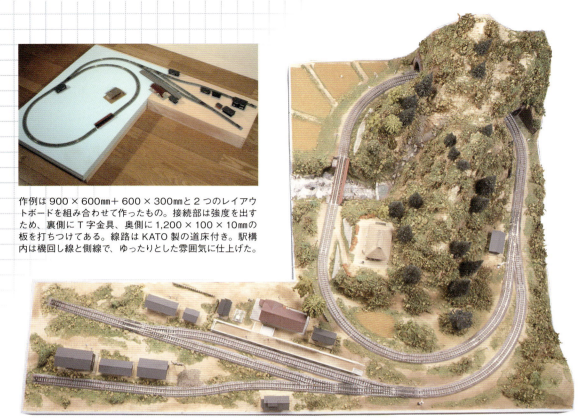

作例は900×600mm＋600×300mmと2つのレイアウトボードを組み合わせて作ったもの。接続部は強度を出すため、裏側にT字金具、奥側に1,200×100×10mmの板を打ちつけてある。線路はKATO製の道床付き。駅構内は機回し線と側線で、ゆったりとした雰囲気に仕上げた。

●初出『日本と世界の鉄道模型カタログ2002年版』（成美堂出版/2002）／製作期間：約1週間／製作費：約2万円

L字型基盤のレイアウト

広々とした駅構内を表現

市販のレイアウトボードを組み合わせてスペースを拡張

　900×600mmのベースボードでも楽しむことができるという作例をいくつか紹介しましたが、やはり物理的なスペースは何ともしがたく、特に駅構内をゆったりと表現するのは困難です。スペース拡張のアイデアのひとつとして、市販のレイアウトボードを組み合わせて作ったレイアウトをご紹介しましょう。

　作例は900×600mmのベースボードにKATO製の600×300mmのモジュールパネルを連結したものです。全体をL字型に組んでいるため、さまざまな位置からレイアウトを鑑賞することができ、そのスペース以上に変化に富んだ情景を楽しむことができます。

　なお、このレイアウトは7日間という短期間で作ることもコンセプトにしました。早く作ることがえらいわけではなく、「作業時間がかかるだろう」とレイアウト製作を諦めていたモデラーへの応援メッセージです。例えば、地形は96ページの技法をさらに簡略化、発泡スチロールを直接プラ用缶スプレーで塗装、この塗料が乾かぬうちにパウダーを撒いてしまう方法で仕上げました。また、山の下草は手芸用の水ごけで被ったものです。かなりざっくりした感じになりますが、広い面積を手早く仕上げることができます。

　無事7日間で完成してから数年後、たまたま手にしたストラクチャーに魅せられて組み立て。置き場に困ったため、このレイアウトの駅構内に設置しました。これにより、このあたりはローカル線から臨港線のような雰囲気に変わっています。

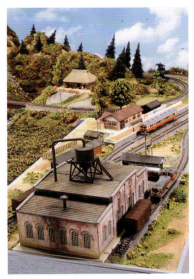

レンガ造りの工場はデンマーク製のキットを組んだもの。レンガの目地はコンパウンドを擦りこみ、目地部分を残して表現。

このレイアウトは7日間の即席工程としたが、ラフに作ったところと、少々作りこんで見せ場としたところを織り交ぜ、視覚的なメリハリをつけている。農家わきの渓流はエポキシ系接着剤を塗り、そこに本物の小石を岩に見立てて貼りつけた。

DE10が牽く混合列車。混合列車とは客車と貨車を連結した列車で、国鉄晩年までローカル線を中心に運行されていた。私鉄で運転されていた例も多い。車両のちぐはぐな感じが独特の魅力をかもしだしており、このような列車は鉄道模型の世界でぜひ残してやりたい。

キット方式のレイアウト

地形工作が苦手な人でも
レイアウト作りが楽しめる

　本書で製作法を紹介したレイアウトは、すべてベースボードから作り上げています。それには線路配置の設計から地形作りといった作業も必要で、これがレイアウト製作のネックになっている方もあるでしょう。そんな方に向けて、KATOやTOMIXなどでは、ある段階まで作り込んだキット方式の製品も発売しています。

　多くの製品は地形まで構築されており、ここに指定された線路を敷設するというものです。地形は草の植栽まで行なっているものもあり、さらに建物や樹木などを取りつけていくことで、自分風にアレンジしたレイアウトに仕立てることができます。また、地形基盤だけで地面の処理が必要なものもあり、これは本書で紹介したような技法などで地面から作ります。

　なお、地形ができあがっているため、必然的に線路配置も決まり、その変更は困難あるいは工夫が必要となっています。導入を検討する際は、必ず基本となる線路配置（最小半径、線路の長さなど）を確認しておきましょう。

KATO製のレイアウトキット「デスクトップレイアウト」。サイズは940×640㎜。写真のように草や水辺も表現済み。

完成例

TOMIX製の「レイアウトベースキット」。サイズは920×700㎜。地形の骨組みまで作られた状態だ。

完成例

KATO製の「モジュールベースA」。サイズは900×300㎜で、川や草の表現も施されている。

フロアー運転感覚で街作りを楽しむ

街のベースを
マットやプレートで製品化

　レイアウトへの新たなアプローチとして、こんな製品も紹介しておきましょう。

　TOMIXの「パノラママット」は線路の路盤や道路などが描かれたシートです。サイズは1,800×900㎜で、線路配置は入門セットに含まれている線路（レールパターンA）に同Bと同Dを追加拡張した線形となっています。駅舎など建物の用地も用意されており、ここに別売の建物を並べていけば、簡単にレイアウトの楽しさが味わえるという製品です。

　一方、KATOの「ジオタウン」は道路や歩道、建物の敷地が表現されたプラ製のプレートです。直線道路、交差点、T字路などが用意され、プレートを並べていくだけで街並みができてしまうというものです。これは同社で発売されている路面電車用線路「ユニトラム」とも規格が共通化されており、合わせて路面電車の走る街

KATO製の「ジオタウン」はフロアー運転に添えて楽しむこともできる。建物を加えていけば簡単にリアルな情景が誕生。

を作ることもできます。フロアー運転に添えて楽しむことはもちろんのこと、レイアウトやジオラマに素材として組み込むことも可能で、その使い方は工夫次第といったところでしょう。なお、こちらも建物やガードレール、信号などは別売となっています。

TOMIXの「パノラママット」とその使用例。駅舎や市街地の建物を並べていけば簡単にレイアウトの楽しみを味わうことができる。

KATO製の「ジオタウン」。各種揃ったプレートを接続、好みの街並みを作る。ジオタウンに組み合わせる信号、標識なども発売されている。

サウンドで情景を演出する

列車の汽笛や走行音、さらには環境音まで

　実物の世界にはさまざまな音があふれています。鉄道では駅の発車ベルから汽笛、そして走行音。停車中のディーゼルカーやディーゼル機関車からはアイドリング音も流れてきます。112ページに紹介したレイアウトなら、海辺では波の打ち寄せる音やカモメたちの鳴き声、夏の山ではセミの鳴き声もするでしょう。そして秋の夜となればコオロギたちの鳴き声がどこからとなく聞こえてくる――。

　レイアウトやジオラマでは、そんな音の情景を想像しながら楽しむこともできますが、今ではさまざまな方法で実際に音を流して演出することもできるようになりました。

　手軽に列車の音を演出するならKATO製の「サウンドボックス」がおすすめです。列車の動きに合わせてSL（蒸気機関車）、EL（電気機関車）、EC（電車）、DC（ディーゼルカー）などの音を演出できます。ここでは現代の電車制御の主流であるVVVF制御のインバータの音を再生することもできます。環境音ならジオコレの「サウンドユニット」が手軽です。さまざまな鉄道の音をはじめ、虫やカラスの鳴き声、シャッターの開閉音なども再現できます。

　また、海や川の波の音や鳥や虫の鳴き声などは、自分で収録したり、Webから素材を見つけ出すことも簡単です。これをエンドレス再生、レイアウトわきに置いたスピーカーから流してやると、リアルな雰囲気になってきます。

　さらに簡単な方法としては、各種発売されている鉄道のDVDやCDをBGMとして流すことも考えられます。レイアウトやジオラマの情景にぴったり合う音源を探すのが大変ですが、雰囲気は盛り上がります。私のおすすめは「STEEL RAILS UNDER THUNDERING SKYS」というCD。そのタイトル通り、雷雨の中を走る蒸気機関車の収録音です。汽笛はアメリカ型蒸気機関車のものですが、レイアウトに雷雲がかかり、落雷とともに雨が降ってくるような気にさせてくれるのです。

KATO製の「サウンドボックス」。KATO製パワーパックに接続して使用する。車両の音はサウンドカードと呼ばれるメモリーを交換することで選択できる。SLのドラフト音やECのインバータ音などは車両の動きに同調する。

レイアウトルームのBGMとしておすすめのCD「STEEL RAILS UNDER THUNDERING SKYS」。今でも購入可能。

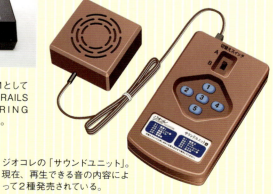

ジオコレの「サウンドユニット」。現在、再生できる音の内容によって2種発売されている。

第6章
レイアウト製作を さらに楽しむために

レイアウト製作を進めるためには欠かせないのが工具や接着剤などです。レイアウト工作は線路などの専用の素材のほか、木材、発泡スチロール、プラ製品、紙などいろいろな材料を使いますが、これらを加工するための工具類は、幅広くそろっている方が作業はしやすいでしょう。ここでは用途別にわけて、いろいろな工具を便利度を表す星印つきで紹介しています。

Step Up

レイアウト製作に欠かせない
あると便利な工具&接着剤など

レイアウト工作は、専用素材のほか、木、発泡スチロール、プラ、紙など多彩なものを扱います。また、作業内容も切断、穴あけ、取りつけ、塗装など多彩です。本格的な大工道具は不要ですが、工具は幅広くそろっている方が作業しやすいでしょう。

★は便利度を表す。★★★：とても便利　★★：便利　★：あると便利

つかむ

レイアウト工作では、扱う部品の大きさもさまざまです。ピンセットとラジオペンチはぜひ用意しましょう。このほか、クランプやバイスもあると便利です。

ピンセット ★★★

指では挟みにくい、微細な部品を持つときに使う工具。先端形状の違いのほか、力を加えると先端部が閉じるタイプ（写真）、逆に力を加えたときに開くものもある。

ラジオペンチ ★★★

ペンチの一種で、特に先端部の細くなっているもの。切る、曲げる、引っぱる、挟むなど幅広く使える。曲げ加工などをやりやすくするため、先端部を円錐状に仕上げた丸ペンチもある。

ペンチ ★★

ラジオペンチ同様、切る、曲げる、引っぱる、挟むなど幅広く使える。ラジオペンチより先端部が広いため、物を挟む時の安定性は高いが、逆に小さなものは扱いにくい。

測る

「測る」作業で分類しましたが、材料を加工するためのケガキやさらには切断のガイドに使うこともあります。大きなレイアウトでは巻尺なども必要でしょう。

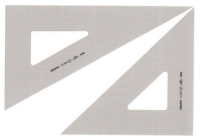

スチール定規 ★★★

長さを測る道具だが、カッターナイフのガイドとしても有効。そのため、プラや竹製ではなく、金属製がおすすめ。30㎝、50㎝長のほか、レイアウト工作では1m長も便利だ。

三角定規 ★★

30度、45度、60度、90度と角度をチェックする機能もあるが、レイアウト工作では平行線を引いたり、物を平行に切るときによく使う。

ノギス ★★

1/20mmまで計測でき、車両工作ファンには必携品。一般的な距離のほか、線材の直径、孔の深さなども計測でき、レイアウト工作でも極めて便利。おすすめしたい。

LINK P218 ケガキ

孔をあける

直径1mm以下の孔をあけるならピンバイスは必携。レイアウト工作では数mmの孔をあけることもあり、これはドリルが必要。千枚通しや錐も便利だ。

ピンバイス ★★★

主に直径およそ1mm以下の小さな孔をあけるための工具。先端のチャックにドリルビット（単にドリルとも呼ぶ）を咥え、片手で支えつつ操作する手回し式のドリル。

千枚通し ★★★

紙などに孔をあける事務用具だが、レイアウト工作には極めて便利。樹木の植え込みなど精度を必要としない孔あけは千枚通しで十分。作業性がぐんとアップする。

電動ドリル ★★

主に直径およそ2mm以上の孔をあけるための工具。金属加工なら高速回転でトルクのある電動ドリルがいいが、レイアウト工作のように木工中心ならクラッチ機能付きのドリルドライバーがネジ止めにも使えて便利。

モーターツール ★★★

リューターとも呼ばれる電気工具。細いドリルビットを咥え、電動ドリル同様の使い方もできるが、最大の特徴は回転スピードを幅広く変えられること。主にビットと呼ばれる切削刃を咥えて削る加工に使う。

POINT

モーターツールは作業内容によって切削刃を交換

モーターツールでよく使われるのは三角錐、円柱、球といった形の金属製ビット、あるいは樹脂に研磨剤を入れこんだ砥石状のビットです。線路に組みこまれたレールのような金属を切断するときは、カッティングデスク（左上丸写真）が便利です。プラの道床ごと切断可能です。

モーターツールにドリルビットを咥え電動ドリルとして使用。トルクのかかる工作には向かないが、プラならOK。

切る

カッターナイフは紙、プラなどの加工に欠かせません。大型刃なら薄いベニヤ板などの木工も可能です。ニッパーも極めて使用頻度の高い工具です。

カッターナイフ（小型刃）★★★

一般的な工作で使用する小型刃のカッターナイフ。大型刃より細かい作業に向いており、レイアウト工作でも建物のキットを組むときなどにはこの方が使いやすい。

カッターナイフ（大型刃）★★★

レイアウト工作には大型刃のカッターナイフも必携。カッターナイフはメーカーによってデザインが異なり、刃の大きさもさまざま。刃は共用できるものもある。

ニッパー ★★★

本来は電線や真鍮線などの切断に使うが、プラ材のざっくりした切断も可能。なお、普通のニッパーでピアノ線などを切ると刃が欠けるので、これは専用のニッパーを使う。

カッター台 ★★★

カッターナイフによる切断は机の上でじかにやらず、適当な板を敷いた上でやること。ベニヤ板の端材などでもいいが、文房具店で手に入るカッター台が便利。

レザーソー ★★

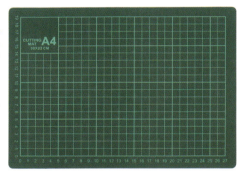

模型用の薄い片刃鋸。カミソリ鋸とも呼ばれる。写真はタミヤの製品で商品名は「薄刃クラフトのこ」。主にプラや角材の切断に使う。対応素材は刃によって異なるので要確認。

ガイドボックス ★★

レザーソーを使う際、切ろうとする素材を支えるガイド。写真の製品はアルミ製で、いろいろな大きさの素材に合わせたガイドがあり、90度、45度の角度に切断することも可能だ。

消波ブロックをレザーソーで加工しているところ。消波ブロックのように支持しにくい形状のものは、ガイドボックスなしでは切断できないといってもいい。

彫刻刀 ★★

多くはカッターナイフで代用できるが、平刃、丸刃などによる加工は彫刻刀でしかできない。プラキットパーツのゲート修正などにも使いやすい。

ハサミ ★★

これも大半の工作はカッターナイフで代用できるが、草植えに使う繊維素材などの切断はハサミが向いている。特別なものでなく、事務用ハサミで十分。

金工ハサミ ★

ごく薄い真鍮板や銅板などの切断に便利。車両工作ならしばしば使うが、レイアウト工作での使用頻度は低い。

発泡スチロールカッター ★★★

発泡スチロールの切断はカッターナイフでもできるが、これを使えば簡単でゴミの量も圧倒的に少ない。入手はホームセンターや手芸店で、価格は1,000円程度。

糸ノコ ★

金属、プラ、木材などを切断するときに使う。自由な形に切り抜くこともできるが、きれいな直線での切断は慣れが必要。刃は専用のものを用意すること。

削る

加工した素材の仕上げ、部品成形時の修正などに欠かせない道具です。ヤスリは細かい部分の成形に欠かせません。レイアウトでは建物工作などで登場します。

ヤスリ ★

形状から棒ヤスリ、サンドペーパー（紙ヤスリ）と区別するため金属ヤスリともいう。金工用はプラ加工にも使用可。刃の断面形状から平、半丸（甲丸）、丸、角、三角などがある。

サンドペーパー ★★★

紙や布に研磨剤を固着させたシート。耐水性、非耐水性の2種があり、プラや金属なら水研ぎもできる前者、木工ならリーズナブルな後者で十分。目の粗さは木工なら＃120、＃240、＃400ぐらい、プラなら＃600、＃800、＃1000あたりもほしい。

6 レイアウト製作をさらに楽しむために

塗装および接着剤塗り

レイアウト製作では塗装も欠かせません。さらに塗る対象もさまざまなので、筆ひとつにしても面相筆、平筆はもちろん、刷毛を使うと便利なこともあります。

筆 ★★★

模型工作用として市販されている筆を面相筆から平筆まで穂先の違いを数種用意したい。プラスターの表面仕上げには、油絵用など腰が強い筆もあると便利だ。

刷毛 ★★★

外壁を仕上げるペンキ塗装はもちろんだが、草を植えるときの"ボンド水"の塗りつけ、プラスターの表面仕上げなど出番は多い。

塗料皿 ★★★

本来の塗料皿としてだけではなく、作業中の部品入れや"ボンド水"などの容器としても便利。プラ製もあるが、金属製の方が安定性がいい。ただし錆が出ることも。

使い捨て容器 ★★★

紙やプラ製の使い捨て容器も必需品。大量の塗料を溶かす、筆や刷毛を洗うといった塗装工作だけでなく、草や地面を表現するパウダーの作業容器としても使う。

マスキングテープ ★★★

マスキングテープは塗装しないところを保護するために使う。塗り分けラインを入れる時は必須。幅は各種あるが、レイアウト工作では幅広の方が出番は多い。

使い捨て紙製パレット ★★

紙製のパレット。アクリル絵の具を使った塗装やドライブラシなどの調色に使う。使用後は紙をめくって1枚ずつ捨てる。木製のパレットを清掃するよりはるかに効率的。

シートつき養生テープ ★

薄いシートをつけた養生テープ。建築作業などで使われるものだが、ホームセンターで手に入り、価格もリーズナブルなのでペンキ作業にはおすすめしたい。

薄いシートはポリエチレンなど塗料のつきにくい素材。

使い捨て手袋 ★★

塗装が指先などにつくとなかなか落ちない。また、草や地面を表現するパウダー類は染色して作っているものもあり、これも色移りしやすい。手袋は有効対策だ。

エアブラシ ★

吹きつけ塗装をするための必需品。レイアウト工作ではウエザリングなどに有効だ。下に延びているのがエアホースで、空気を送るコンプレッサーまたはガスボンベにつないで使う。

撒く

レイアウト製作では、草や地面を表現するためのパウダー撒布もよく行ないます。これもある程度の道具をそろえておくと、作業が効率的にできます。

※このほか、既に紹介していますが、パウダー散布に使う工具として、筆、刷毛、塗料皿、使い捨て紙またはプラ容器、使い捨て手袋があります。

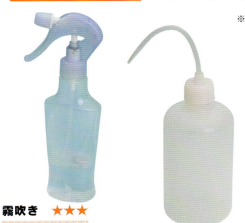

スポイト ★★★

ここでは"ボンド水"を滴下するときに必要。滴下作業では3mlぐらいの小型のものが使いやすい。塗料に少量の溶剤、または水を加えたりするときにも使える。

霧吹き ★★★

"ボンド水"を滴下する前、あるいはプラスターを重ね塗りする前の準備として使用する。水だけでなく、中性洗剤を1滴入れておくと水分が浸み込みやすくなる。

ポリ洗浄瓶 ★★★

水や"ボンド水"の容器として。なお、口の部分に"ボンド水"が残った状態で放置すると固まって詰まってしまう。一昼夜置くなら別の瓶に移し、容器は洗浄する。

スプーン ★★★

パウダー類の撒布、特に砂状の素材を扱うときに便利。家庭の食事用スプーンを兼用するのはトラブルの元なので専用に用意すること。

茶こし ★★★

パウダー類をある程度の広さに撒布する時に便利。なお、茶こしの目はあまり細かいものを選ぶとすぐに目が詰まり、撒布には使いにくい。

ふるい ★

広い面積のパウダー類撒布、あるいは自分で採集した砂素材など粒子のふるい分けに使う。園芸用の目の粗さを変えられるもの、あるいは料理用で目の粗いふるいを選択。

その他

一般的な道具ではありませんが、こんなものも使えます。竹串や割りばしは道具のほか、素材として活用するチャンスがあるかも知れません。

割りばし ★

例えば塗料の撹拌、サンドペーパーを貼り付け細部の研磨、小部品切断時の台座（瞬間接着剤などで固着して台座ごと切断する）など工夫次第でいろいろ使える。

竹串 ★★★

料理用の竹串。発泡スチロールの仮止め、あるいは接着補助として出番が多い。安価な竹串は折れやすい傾向がある。トゲが刺さる危険性もあるので見極めて購入しよう。

仮止めピン ★

Woodland Scenics社製のFORM NAILS（T字型のピン）が仮止めピンとして使いやすい。竹串より細く、強度がある。ホビーセンターカトーで取り扱っている。

接着剤

レイアウト製作に接着剤は欠かせません。頻繁に使うのは、瞬間接着剤と木工用接着剤あたりです。特に木工用接着剤は"ボンド水"の原料ともなります。

瞬間接着剤 ★★★

瞬間接着剤は種類が多いが、レイアウト工作では一般用のほか、木工用、ゼリー状などをよく使う。スーパー液などと呼ばれる硬化剤があるとさらに便利だ。

木工用接着剤 ★★★

メーカー別、あるいは一般と速乾とタイプの違いもあるが、"ボンド水"はどの木工用接着剤でも使用可能。通常使用を考えると速乾タイプの方が作業効率はよさそう。

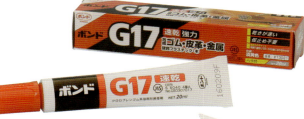

ゴム系接着剤 ★★

汎用性が高く、接着力も強い。通常、両方の接着面に塗布、ちょっと乾燥させてから圧着することで接着させる。粘性を利用してスポンジ粒の接着にも使いやすい。

発泡スチロール用接着剤 ★★

その名のとおり、発泡スチロールの接着用。ゴム系接着剤などでは発泡スチロールが溶けてしまい、接着できない。なお、乾燥時間がかかるが、木工用接着剤でも接着可能だ。

樹木キットは幹にスポンジの塊をつけて葉に見せかけている。この接着作業には粘性のあるゴム系接着剤が使いやすい。

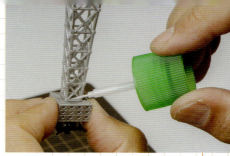

プラ用接着剤 ★★

プラ材の接着、あるいはプラ製ストラクチャーを組むときに欠かせない。一般タイプのほか、流し込んで使うもの、さらにABSなど樹脂別に対応するものもある。

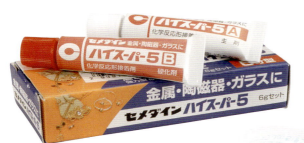

エポキシ系接着剤 ★★

ふたつのゼリー状液体をよく混合して固着させるもの。混合後に硬化が始まり、硬化時間の違いも各種ある。混合後は樹脂状に固まり、固着強度も高い。この特性を活かして使う。

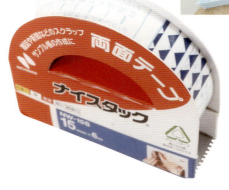

両面テープ ★★

接着剤ではないが、接着剤硬化までの補助として有効。粘着力の種類は多く、カーペット固定用などはかなり強固。ものによっては両面テープ単体でも利用できそうだ。

POINT

ホットメルト＋グルーガン ★★

熱可塑性プラスチックのスティック棒を熱で溶かして使う接着剤です。冷えると硬化、固着します。作業性はスムースですが、接着時に熱を持つため、発泡スチロールは溶けて使えません。使用の際は専用のグルーガンが必要です。ホームセンターや手芸店で1,000円程度で購入できます。

プラ製のトンネルポータルと黒紙製内壁をホットメルトで接着しているところ。大半の素材の接着が可能。

塗料

レイアウト製作ではさまざまな塗料を使います。ここでは作例のレイアウトで実際に使った塗料のほか、塗料に準じた色づけなどに使った素材を紹介します。

プラ用缶スプレー各色 ★★★

プラ用とはいうものの幅広い塗装に使える便利な塗料。金属への食いつきは弱いため、専用プライマーで下地を塗っておく。透明つや消しはプラの質感を消すのに便利だ。

アクリル絵の具 ★★★

紙や木材をはじめ、プラやガラス材なども塗れる汎用性の高い絵の具。調色も可能だ。原液状態あるいは水で薄めて使う。画材店で扱っているが、色の種類は極めて多い。

アクリル塗料 ★★

模型用として各メーカーから発売されている。塗料を薄めたり、筆や容器の洗浄には専用の溶剤が必要。エアブラシでの塗装にも向いている。模型店やホームセンターで扱っている。

水性ペンキ ★

作例では主に外壁の仕上げに使ったが、97ページのように地面表現に使うこともある。ペンキは専用溶剤を使うものと水性がある。レイアウト工作では水性が扱いやすい。

タミヤ スミ入れ塗料 ★★

スミ入れはエナメルなどを薄めて使うが、これは最初からスミ入れに適した濃度に薄めてある。手軽に使え、便利。色調はブラックほか、計4種ある。適宜使い分ける。

ターナー色彩 水性グレインペイント ★

画材メーカーのターナー色彩から水性グレインペイントとして情景模型に便利な素材が各種発売されている。作例ではアクアシリーズを水の表現に使用した。透明感のあるつやが得られる。色調も多数ある。

タミヤ 情景テクスチャーペイント ★

粒子や繊維状の素材を混合した情景表現用水性塗料。通常は原液のまま使う。雪の表現用として「雪」「粉雪」の2種があるが、これは海の波など水泡の表現にも使える。

パステル ★★

チョーク状の画材。直接、パステルで描いたり、サンドペーパーで粉にして筆でこすりつけて使う。現在では模型用に粉の状態とした製品もある。錆などの表現に最適。

アクリル絵の具 ジェッソ ★

アクリル絵の具はさまざまな表現に対応すべく、顔料以外の素材も販売している。ジェッソは主に絵を盛り上げる表現に使うものだが、海の波表現などにも利用可能だ。

蚊取り線香の灰はパステル粉と同様に地面の質感表現によい。

6 レイアウト製作をさらに楽しむために

鉄道模型用語事典

Step Up

Nゲージなどの鉄道模型をはじめてみると、知らない単語に出会うことがあるはずです。ここでは、そんな鉄道模型ならではの用語たちを紹介しています。また、普段使っている単語でも、鉄道模型の世界ではニュアンスが異なる用語もあります。そんな言葉のチェックもここで行なっておけば、よりスムーズに鉄道模型の世界を楽しんでもらえるはずです。

あ

アクセサリー
一般的には飾りのことだが、レイアウトでは線路脇の古レールや各種の標識、人形など小物のことを示す。情景に細密感と臨場感を与える重要なアイテムだ。

アクリル塗料（あくりるとりょう）
模型に使われる塗料のひとつ。水溶性のため、毒性が少なく、安心して使える。乾燥後は耐水性になる。ラッカーより乾きは遅く、筆塗りに向いているが、吹き付けも可能。筆などは水洗い可能だが、専用の溶剤もある。

また、画材用のアクリル絵の具も使いやすい。やはり水溶性で、水彩絵の具のような感覚で筆塗りできる。薄めずに使えば、プラ素材なども塗ることができる。

アンカプラー
カプラーの連結を解く仕掛け。解放ランプともいう。カプラーの種類によってアンカプラーも異なる。また、自動解放の仕掛けがないカプラーもある。

アーノルトカプラー
Nゲージで使用される標準タイプのカプラー。ドイツのアーノルト・ラピート社の製品から普及したため、この名前がある。

安全弁（あんぜんべん）
　蒸気機関車のボイラーに取りつけられる安全装置。ボイラーが一定以上の圧力になると、余分な圧力をここから抜く。実物は砲金で作られ、黄金色。Nゲージの蒸気機関車では汽笛とともによいアクセントになっている。

インレタ＝インスタントレタリング
　車両に記されている文字やマークを転写で表現する一種のシール。台紙をモデルに当て、先の丸い棒などでこすれば、文字やマークが転写する。転写後、台紙をその上に当てて、全体に軽くこすっておくと、インレタがはがれにくい。

ウエザリング
　風雨にさらされたり、環境による外観の変化を表現する仕上げ技法で、シーズニングともいう。塗料だけでなく、パステルなども使用する。単なる汚しではなく、メーキャップのひとつとして位置づけられている。

エアブラシ
　塗装技法のひとつ。ボンベやコンプレッサーに接続したスプレーガンを使い、エアーの圧力で塗料を吹きつける。筆塗りと違って、均一な塗面が得られ、ぼかし塗りや塗り重ねも可能。スプレーガンは高価だが、モデラーならぜひ用意しておきたいアイテムだ。

エッチング
　金属の表面を酸で腐食させ、帯やリベットを浮立たせて表現する技法のこと。窓や細かい部分の抜き加工にも使われている。

エナメル塗料（えなめるとりょう）
　模型に使われる塗料のひとつ。乾燥が遅いので筆塗りしやすい。また、ラッカーやアクリル塗料を侵さないので、筆塗りも重ね塗りが可能。そのため、車体の窓にガラスを固定するHゴムの塗装やスミ入れなどに使われる。専用の溶剤がある。

エポキシ
　主剤と硬化剤の2液を混合して使う接着剤。樹脂系素材から金属、ガラス、木など、幅広い接着が可能で、接着力は強力。ただし、硬化時間がかかり、最短タイプでも5分。粘土状のエポキシパテもあり、こちらの応用も幅広い。

エンドレス
　模型用線路の基本配置。一般的には円または小判形に線路をつなぐ。単調になると思いがちだが、線路の輪を二重にしたり、途中を変形させたドックボーンスタイルにするなどすれば、応用は広い。終点のないのが名前の由来。

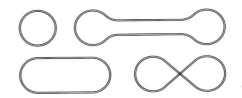

か

カプラー
　連結器のこと。模型用の連結器は種類が多く、その多くは併用できない。種類によっては自動連結・解放連結できるものもある。連結器を解放する仕掛けを解放ランプ（アンカプラー）という。

カブリ／カブる
　湿度の高いときに塗装すると、表面が白く曇った仕上がりになる。この状態を「カブる」という。カブリを防ぐためには、湿度の低いときに塗装するのが基本。塗料によっては、塗料に混ぜて使うカブリ防止用の薬品もある。

標準的な軌間と縮尺

名称	軌間	縮尺［日本］	［米国］	［欧州］	［英国］
Z	6.5mm	1/220	1/220	1/220	1/220
N	9mm	1/150	1/160	1/160	1/148
TT	12mm	1/110	1/120	1/120	1/101.5
HO	16.5mm	1/80(16番)	1/87(HO)	1/87(HO)	1/76(OO)
S	24mm	1/64	1/64	1/64	1/64
O	32mm	1/45	1/48	1/45	1/43.5
I	45mm	1/30	1/32	1/32	1/32

※この表は標準的な鉄道模型の軌間と縮尺を表している。ただし、日本の新幹線模型の場合、一般に、Nは1/160・9mm、HOは1/87・16.5mmが使われている。
※16.5mm軌間の模型は、日本型を16番、英国型をOOとする表記方法もある。なお、16番は本来HOとOOを抱合した16.5mm軌間全体の表記として作られた。
※国によって特に規定のないスケールもあるが、その場合、ここでは目安としての数値を入れてある。

紙やすり＝サンドペーパー

表面に研磨剤を貼りつけた紙。適当な大きさに切って使うのがコツ。研磨剤の荒さは番号で示され、数字の大きいものほど細かい。Nゲージのキット製作なら#240、#400、#600、#800あたりをそろえておきたい。水研ぎ可能な耐水ペーパーのほうが、使い勝手が広い。

軌間（きかん）

対になったレールの内側の幅寸法。実物もモデルも同じ位置を測定する。

キット

部品をセットにした商品で、自分で組み立てる。素材はプラから真鍮、紙などキットによって異なる。モーターなどの部品は別に購入しなくてはならないものもあり、組み立ての難易度はキットによって千差万別。Nゲージの場合、最近では塗装済みキットが発売されており、このあたりからチャレンジするとよいだろう。

ギャップ

レールとレールを絶縁する切れ目のこと。リバースを作ったり、動力車を留置するときに使用する。

ケガキ／ケガく

素材に加工のための補助線を記すこと。

ゲージ（gauge）とスケール（scale）

ゲージは軌間、あるいは規格のこと。「Nゲージ」なら軌間ではなく、規格を示している。スケールは縮尺のこと。

鉄道模型では、ゲージやスケールの標準的な規格が定められており、各メーカーの製品はこのルールに従って製造されている。また、自分で車両を自作して楽しむときも、このルールに従う。それによって、みんなで共通して鉄道模型を楽しむことができるのだ。

一方、実物の鉄道では、路線によってゲージが違うこともある。例えば、JR在来線は1,067mmゲージだが、新幹線は標準軌と呼ばれる1,435mmゲージで、368mmも広い。鉄道模型は、実物の鉄道の1,435mmゲージを基本にしている。Nゲージの場合、1/160・9mmが世界標準となっているが、これは1,435mmゲージを基本にしたもの。このままでは、日本で主力となっている1,067mmゲージ車両の持つプロポーションをうまく表現しにくいため、日本のNゲージでは1/150・9mmを採用している。車体をやや大きめにして、軌間とのプロポーション的なバランスをとる工夫がなされているのだ。なお、新幹線のモデルは基本的に1/160・9mmで作られている。

ゴム系接着剤（ごむけいせっちゃくざい）

模型工作でよく使用する接着剤のひとつ。接着しようとする両面に塗布、その表面が乾いたところで双方を押しつけ、接着する。

さ

ジオラマ

鉄道模型の世界では、本来、車両運転を考えない情景模型のことを示し、運転のできる情景模型はレイアウトと呼び分けていた。近年、そうした事情を知らないマスコミやメーカーが何でもジオラマと呼んでしまい、それが一般化しつつある。さらにはジオラマレイアウトのような造語まで作って混乱状態だ。

シーナリー

一般には風景のことだが、鉄道模型では線路やストラクチャー（建物、構造物）を除く地面や樹木、草などの自然の部分を示す。

集合式レイアウト（しゅうごうしきれいあうと）

一定の規格に従ってセクション（モジュールともいう）を作り、これを集めてレイアウトにする方式。収納が楽で、仲間同士で競作も可能。「全国高校生鉄道模型コンテスト」などでも採用されている。

瞬間接着剤（しゅんかんせっちゃくざい）

模型工作には欠かせない接着剤。速乾性で、接着力も強い。ゼリー状瞬間接着剤など、各種発売されているので、用途によって使い分けるのがコツ。

ジョイナー

レールとレールをつなぐパーツ。道床付き線路では、線路と一体になった形のジョイナーもある。

ショート

電気が正規の流れではなく、短絡して流れるトラブルのこと。過電流が流れるため、発熱したり、短絡個所が焼きついたり、非常に危険な状態。すぐに電源スイッチを切って、ショート箇所を直すこと。

真鍮（しんちゅう）＝黄銅（おうどう）、ブラス

鉄道模型で使われる代表的な金属材料。切削、折曲げ、

ハンダづけのすべてに優れ、完成品やキット、そして自作にも使われている。ブラスモデルとは、真鍮（しんちゅう）製模型のことをいう。

シンナー
ラッカー系塗料の溶剤。さまざまな塗料の溶剤全般を示すこともある。

スクラッチビルド
素材から部品を作り、車両、ストラクチャーなどを自作すること。

スチロール
プラスチックモデルから鉄道模型まで幅広く使われるプラスチック樹脂。スチロール同士の接着はシンナーでも可能だ。

ストラクチャー
レイアウトやジオラマ上の建造物のこと。駅舎やプラットホーム。鉄橋やトンネルポータルなども含まれる。

スパイク
レールを枕木に固定する犬釘。模型の場合、フレキシブル線路をベースに固定するときに使う。「スパイクする」と動詞として使われることもある。

スプレーガン
吹きつけ塗装に使う道具。

セクション
ギャップによって区切られ、電気的に独立した区間のこと。また、集合式レイアウトでは、ひとつのブロックをセクションということもある。

線路（せんろ）
2本のレールを枕木の上に並べたもの。線路のことを広義にレールと呼ぶこともある。ちなみに英語で線路のことはtrackやroadwayと記すのが一般的。railとすると軌条（レールのこと）を示し、広義に鉄道のこともいう。

鉄道模型の場合、左右のレールは絶縁されており、ここに電流を流して列車の動力としている（メルクリンHOなど、異なる方式を採用しているものも一部ある）。この電流を制御することによって、列車のスピードや走る向きが変わる。

フロアー運転に使われる線路は、枕木と一体の道床（どうしょう）をつけて、強度を出し、かつ線路を安定させている。

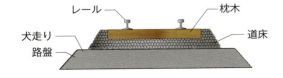

た

ダイカスト＝ダイキャスト
亜鉛合金による精密鋳造技法のひとつ。台車、車輪の輪芯、床下機具などに使用する。

ダミー
一般には模型やマネキン人形、身代わりという意味だが、鉄道模型の世界では「形だけ表現した模型」を示す。例えば、ダミーカプラーといえば、実際に連結することのできない、形だけ表現した連結器のことをいう。

タンク機関車（たんくきかんしゃ）
石炭や水を機関車本体に搭載した蒸気機関車。例えば、大井川鉄道などで活躍するC11形などがタンク機関車だ。

ディテール
細部のこと。細部を作りこむことをディテーリングという。

デカール＝ディカール
車両に記されている文字やマークを転写で表現する一種のシール。水に入れて、台紙から転写膜を浮かし、スライドさせながらモデルに貼る。乾燥すれば接着するが、傷を付けると剥がれてしまう。適当なクリアー塗料を吹つけ、万全をはかるモデラーも多い。

テンダー機関車（てんだーきかんしゃ）
石炭や水を炭水車（テンダー）に搭載した蒸気機関車。例えば、JR東日本で活躍するデゴイチことD51形などがテンダー機関車だ。

トレーラー
客車や貨車のように自走するための動力を持たない車両のこと。

ドローバー
カプラーの一種。基本的に自動連結解放はできない。電車、気動車、客車などのうち、固定編成で運転する車両に使われる。

な

ナローゲージ
標準軌（スタンダードゲージ）よりも狭い軌間を狭軌（ナローゲージ）という。通常は1mよりも狭い、いわゆる軽便鉄道やトロッコのことを示す。製品もあり、日本で見かける主なものは、次の通り。
・G（45mm）標準縮尺は1/22.5、欧米で盛ん。
・On2½（16.5mm）縮尺は1/48。日本の762mm（2' 6"）軌間の模型。
・HOm（12mm）縮尺は1/87。欧州1m軌間の模型。
・HOn3（10.5mm）縮尺は1/87。米国の914mm（3' 0"）

・Hon2½またはHoe（9mm）縮尺は1/87。日本や欧州の762mm（2'6"）軌間の模型。9mmナローと表記することもある。線路幅が9mmなのでNゲージと混同しがちだが、別もの。

は

パイピング
ディテーリングのひとつ。主に蒸気機関車の配管などを示す。素材は加工しやすい真鍮線などを使う。

パウダー
一般的には粉を示すが、鉄道模型ではオガクズなど粉状になった情景用素材を示す。調色してあり、地面や草、葉などとして使う。

パステル
チョーク状になった絵画用顔料。車両やストラクチャーのウエザリングに使う。直接こすりつけずに、サンドペーパーで粉状に削り、筆で叩くように塗りつける。ビギナーでも土埃をかぶったような表現をたやすくできるが、平滑な面では簡単に取れてしまうのが難点。

バラスト
線路に敷きつめられている砂利（砕石）のこと。バラスともいう。この砂利の部分を道床という。

バルブギヤー
蒸気機関車のシリンダーまわりの弁装置全般を示す。蒸気模型の見どころのひとつ。

パワートラック
モーターと車輪を一体にした動力装置。構造上、HOゲージ以上の大きなモデルが対象。取りつけが簡単で、調整も不要なため、キットや自作車両に多く使われている。

パワーパック
鉄道模型のコントロール機器。家庭用電源（AC100V）に接続して鉄道模型運転用の電気（一般的には最高電圧DC12V）に変換、列車のスピードや走る向きを制御する。コントローラーとも呼ばれている。ちなみに右側レールにプラスの電流が流れている状態で前進するのが、日本も採用している国際ルール。ポイント制御や照明用の電源を備えたものもある。

ハンダづけ
真鍮同士などの金属を接続する技法。スズと鉛の合金で作られたハンダを、電気ハンダごてなどの熱で溶かして流し、冷めれば固定する。真鍮同士は接着剤で組めないこともないが、ハンダづけの方が強度は高く、再び熱を加えれば取り外しもできるので便利。ただし、テクニックが必要。

パーツ
部品のこと。

ピンバイス
細いドリルをくわえ、手で回転させながら孔をあける工具。

フィーダー＝フィーダー線
パワーパックと線路を接続し、走行用電流を流す電線のこと。

プラスター
石膏プラスターが正式名称。粉末を水で溶いて盛りつけ、地面や岩肌を作る石膏の一種。焼石膏より硬化時間が長く作業しやすく、乾燥後も丈夫だ。

プラ用接着剤（ぷらようせっちゃくざい）
プラスチック専用の接着剤。プラスチックの表面を溶かして接着するので、接着力は強力。接着面以外へのはみ出しに注意。シンナーで代用するモデラーもいる。

プラ用塗料（ぷらようとりょう）
プラスチックを侵さない素材で作られた塗料。モデル用としては、一般的にラッカー（プラスチックを侵すものもあるので、プラ用のものを選ぶこと）、水性アクリル、エナメルが使われる。

フレキシブル線路（ふれきしぶるせんろ）
通称"フレキ"。Nゲージの場合、プラスチック枕木にレールがはめられた状態で、いくつかのメーカーから市販されている。自由なカーブに曲げることのできるのが特徴。

フロアー運転（ふろあーうんてん）
床の上などに線路を直接敷いて走らせること。レイアウトなどがなくとも線路と車両と制御装置があれば楽しめる。

プロトタイプ
模型に対して実物のことを示す言葉。「プロトタイプを忠実に再現」というように使う。

ポイント
線路の分岐装置のこと。スイッチともいう。分岐の形によって、Y形、渡り線などがある。

ボギー車
台車を備えた車両。旧型の路面電車や貨車のように2軸の車輪を使うものは単車という。

ボンド水
レイアウト工作でバラストや草の固着に使う接着剤。酢酸ビニル系の白い木工用接着剤を水で薄めたもの。一般的にはスポイトで滴下させながら使う。薄める割合は4倍ぐらいからテストするといい。中性洗剤を1滴ほど加えると、素材への浸透性が増す。

ま

マスキング
塗装テクニックのひとつ。塗ってはいけない部分をマスキングテープ（粘着性の弱い紙テープ）やマスキングゾル（木工用ボンドに似た液体。乾いた後、塗面を傷めずにはがすことができる）で被うこと。吹きつけのみならず、筆塗り時にも有効なテクニックだ。

モーター
鉄道模型では、通常、小型の直流モーターが使われている。形態によって、缶モーター、模型モーター、縦型モーターなどの種類がある。コアレスモーターは、鉄芯のないモーターで、形態は缶スタイル。小型でもパワーは強力だ。

木工用接着剤（もっこうようせっちゃくざい）
紙や木の接着に使う専用接着剤。濃すぎる場合は、水で薄めて使うことも可能。レイアウト工作には欠かせない。

擁壁（ようへき）
大きな高低差を地面に設けたいときに、土壌の横圧で起こる斜面の崩壊を防ぐために設置する壁状の構造物のこと。

ら

ライケン
レイアウト製作に使う樹木用の素材。本物のコケをモデル用に処理したもので、枝分かれの雰囲気などは秀逸。

リバース
列車がぐるりと回って、逆方向を向いて戻ってくる線路配置のこと。

レイアウト
模型列車を走らせる目的で作られた箱庭のこと。レイアウトの元々の意味は配置。線路を配置するというところから、この名称がある。

レール
線路を構成する重要な部分。レールの大きさは、実物の場合、1mあたりの重量で示すが、モデルではレールの高さで示す。インチ換算で表示され、例えば、#100は0.1インチ（2.54㎜）、#87は0.087インチ（2.21㎜）となっている。Nゲージの場合、通常、#87以下の小さなレールが使われている。

A to Z

AC（エイシイ）
電気で交流のことを示す。

DC（デイシイ）
電気で直流のことを示す。

Hゴム（エッチゴム）
実物の車両で窓ガラスをはめ込むときに使うシール材のこと。断面がH型のため、この名称がある。Nゲージでは塗装で表現するケースが多い。

t（ティ）
板の厚みを示す記号。数値は㎜で表示し、「t10」といえば、厚さ10㎜の板を示す。

R（アール）
曲線の半径を示す記号で、数値は㎜で表示する。「R610」といえば半径610㎜の曲線を示す。「610R」も同様。

φ（ファイ）
円の直径を示す記号で、線材の直径を示すときにも使う。数値は㎜で表示し、「φ1」といえば直径1㎜の円または線材を示す。

INDEX

あ

アクセサリー ………………… 53,156
アクリル絵の具 ……………… 98,145
アシ ……………………………… 107
あぜ道 …………………………… 136
孔/穴をあける ……… 108,127,156,207
アルミホイル …………………… 142
アーノルドカプラー …………… 29,35
石造りのアーチ橋 ……………… 182
岩 ……………… 139,140,142,149
ウエザリング …………………… 161
植える ………………… 107,108,153
ウォッシング ………………… 85,147
海 …… 112,123,124,126,144,180,198
海辺 ……………………………… 112,184
運転 ………………… 26,28,54,57
エアブラシ ………………………… 87
駅 ……………… 50,170,172,174,188
駅舎 ……………… 24,48,170,172
Nゲージ ………………… 26,28,32
堰堤　えんてい ………………… 94,98
エンドレス ……………………… 120

か

階段 …………………………… 135,147
外壁 ………………… 109,128,157
海面 ……………………………… 145,148
架線柱 ………………… 52,100,108
型紙 ………… 77,78,80,93,95,102,106,153
カタログ ………………………… 29
カッターナイフ ………………… 80,91
枯れ枝 …………………………… 108
貨物駅 …………………………… 174
川 ……………… 60,77,93,98,178,186,194
岸壁 ……………………………… 144
ガーダー橋 ……………………… 60,82
木 ………………………………… 106
規格 …………… 28,37,38,42,50,70
キット …………………………… 202
基盤 ……………………………… 135,138
橋脚　きょうきゃく ………………… 82
橋台　きょうだい …………………… 82
橋梁　きょうりょう ………………… 166
化粧板 …………………………… 80,96
基礎知識（Nゲージ） …………… 28
基礎知識（車両） ………………… 32
基礎知識（制御機器） …………… 46
基礎知識（線路） ………………… 36
基礎知識（建物） ………………… 48
基礎知識（レイアウト関連用品） …… 52
木枕木 …………………………… 37
極性 ……………………………… 29
曲線 ……………………………… 43
漁船 …………………………… 53,147
草 ……………………… 105,106,152
草木 ……………………………… 106
組立式レイアウト ……………… 36
渓流 ……………………………… 186
牽引力 …………………………… 35
建築限界　けんちくげんかい …… 34,50
高架駅 …………………………… 51
高架線 …………………………… 42
耕作地 ………………… 106,139,153
工場 ……………………………… 24
勾配区間 ………………………… 42
小型レイアウト ………………… 68
護岸 ……………………………… 94
国際規格 ………………………… 28
固定式レイアウト ……………… 36
コンクリート舗装 ……………… 134

さ

最小通過半径 …………………… 34
材料（レイアウトに使った） …… 75,125
サウンド ………………………… 204
作業口 …………………………… 129
作例 ……………………………… 49
撒布＝撒く ……… 97,104,140,141,
　　　　　　　　150,152,156,211
サンドペーパー ………………… 103
桟橋 …………………………… 147,148
仕上げ（る） ……… 96,99,101,102,
　　　　　　　　105,109,141,156,157
ジオコレ製品 ………………… 147,204
ジオラマ ……………………… 16,20
ジオラマ（240×130mm） …… 182
ジオラマ（600×300mm） …… 188
ジオラマ（1200×300mm） …… 190
実物 ………………… 24,69,73,77,87,
　　　　　　　143,145,166-180
地面 ………………… 96,138,140
車両 ……………… 24,26,28,30,32,54
車両基地 ………………………… 176
樹木 ………………… 108,154,156
樹木キット ……………………… 154
情景（実物） …… 24,69,73,77,87,121,
　　　　　　　143,145,166-180
情景（模型） …………… 8,16,60,110,
　　　　　　　112,182-201
情景シート ……………………… 106
情景素材 ………………………… 26
消波ブロック …………………… 146
小半径 …………………………… 43
照明 …………………………… 33,110
信号機 ………………… 44,108,156
新聞紙 ………………… 90,96,138
シーナリーペーパー …………… 102,155
水性ペンキ ………………… 97,109,157
スクラッチビルド ……………… 94
スタイロフォーム ……………… 126
砂浜 ……………………………… 149
スペース ………………………… 23
スミ入れ
　………… 85,87,92,130,147,161,163
スラブ軌道 ……………………… 37
制御機器 ……………… 30,46,54,56
成形 …… 77,78,80,92,127,128,133,137
製作の流れ ……………………… 68
セクションレイアウト ………… 20
石膏 …………………………… 142,149
接続 ……………………………… 70
設置 ……………………………… 82
接着剤 ………………… 100,107,108,
　　　　　　　129,144,210,212
全景 ……………………………… 66
全国高校生鉄道模型コンテスト …… 61,70
線路 …………… 18,30,36,38,45,54,56,
　　　　　　72,100,102,129,139,150
線路（実物） …………………… 36
線路配置（プラン） …… 72,74,76,122,
　　　　　　　　　124,126
線路標識 ……………………… 156

た

- 高台 … 135
- 建物（ストラクチャー）… 24,30,48, 123,132,156,160
- 田畑 … 136,153
- 田んぼ … 53
- 段ボール … 90,137
- 地形の基礎工作（作り）… 76,90,137
- 地上駅 … 51
- 茶こし … 97
- 鉄橋 … 42,60,72,82
- 電動ポイント … 40
- 道床付き線路 … 36,38,122
- 灯台 … 53
- 登坂力 … 35
- 動力車 … 35
- 道路 … 102,105,134,156
- 道路下基盤 … 133
- 道路素材 … 133
- 道路の土台 … 95
- 道路まわり … 132
- 道路面標識 … 155
- 塗装 … 86,92,94,98,103,109, 143,145,151,161,162,210
- 塗装済みキット … 164
- ドライブラシ … 85,87,92,130,163
- トラス橋 … 60,82
- トラム線路 … 36
- 取りつけ … 79,80,84,88,94,100,108, 126,128,129,131,132,134, 135,136,137,144,146,148,156
- 塗料 … 214
- トンネル … 86,112,130,168
- トンネル内壁 … 89
- トンネルポータル … 52,86,88,130,168

な

- 波 … 148
- 入門用セット … 54,56
- 人形 … 53,158

は

- 背景画 … 159
- 配線 … 126
- パウダー（散布）… 97,141,156
- 刷毛　はけ … 140
- 橋 … 85
- パステル … 161
- 発泡スチロール … 78,91,93,95
- 発泡スチロール用カッター … 91
- はねあげ塗装 … 86,92
- バラスト … 104,150
- 貼りつけ（る）… 102
- 張りぼて工法 … 97
- フィーダー … 41,57,129
- 複線 … 42
- 敷設　ふせつ … 100
- 船 … 147,148
- 踏切 … 44,102,151,175
- 踏切標識 … 105
- プラスター … 140
- プラスタークロス … 138
- プラン … 74,124
- プランニング … 22,72,122
- フレキシブル線路 … 45
- フロアー運転 … 203
- 分岐器 … 40
- 併用軌道 … 184
- ペットボトル … 90,137
- 便利なアイテム（道具）… 78,79
- ベースボード … 52,76,127
- ペーパータオル … 97
- ポイント … 40
- 防波堤 … 53
- ホコリ対策 … 43
- 骨組み … 90,138
- ボンド水 … 104,141,149,150,152
- ホーム … 50,134

ま

- 撒く＝撒布 … 97,104,140,141, 150,152,156,211
- マスキング … 85,96,98,139,145,163
- 街/町 … 112,184
- 街並み … 124
- 水素材 … 146,148
- 水の表現＝水表現 … 93,98,146
- 未塗装 … 101
- 未塗装キット … 162
- ミニカー … 53,158
- メンテナンス … 43,129,130
- メーカー … 28,38,70
- 木造機関庫 … 182
- モジュール規格 … 70
- モジュールレイアウト … 20,60,68,70
- 木工用接着剤 … 79,81,97,128
- モデラー … 24,49

や

- 夜景 … 110
- 山 … 90,112,123,124,138,169, 186,192,194,196,198,200
- ユニトラック … 39
- 擁壁　ようへき … 92,94,136

ら

- ライケン … 108
- ライト … 33
- リレーラー … 57
- レイアウト … 16,18,20,26,42,202
- レイアウト（A3サイズ）… 184
- レイアウト（600×300mm）… 186
- レイアウト（900×300mm）… 60,68,74
- レイアウト（900×600mm）… 112,120,124,192,194,196,198
- レイアウト（L字型）… 200
- レイアウト関連用品 … 30
- レイアウトボード … 69
- レザーソー … 146
- 連結器 … 29,35
- レール … 36
- 路面電車 … 184
- 路面用パーツ … 184
- ローカル … 24,186,192,194

A-Z

- KATO … 39,41,42,48,50, 54,56,71,74,151
- PC枕木線路 … 36
- TOMIX … 38,41,42,48,50, 54,56,71,160

著者 **松本典久**（まつもと のりひさ）

1955年、東京生まれ。幼少時に三線式Oゲージに触れ、以来鉄道模型とは半世紀を超えるつき合い。1981年より鉄道や旅をテーマとしたフリーランスのライターとして活躍、「鉄道ファン」「旅と鉄道」など鉄道趣味誌にも寄稿。近著は「DCCで楽しむ鉄道模型」（オーム社）、「JR 山手線の謎 2020」（実業之日本社）、「東京の鉄道名所さんぽ100」（成美堂出版）など。

Photo by M.Taga

編集制作／有限会社オネストワン
　　　　　　（田中一平　田中正一　内田未央）
執筆協力／小林弘明
デザイン／株式会社メルシング（岸博久）
　　　　　　大村タイシデザイン室（大村タイシ）
イラスト／小林弘明
　　　　　　田中一平
撮　　影／櫻井亮秀
撮影協力／有限会社アドフォーカス（入江貴司）
写　　真／株式会社グリーンマックス、
（50音順）　株式会社関水金属（KATO）、
　　　　　　株式会社トミーテック、shutterstock
協　　力／株式会社グリーンマックス、
（50音順）　株式会社関水金属（KATO）、株式会社トミーテック、
　　　　　　株式会社ハセガワ（モデモ）、
　　　　　　株式会社マイクロエース

> 本書を無断で複写（コピー・スキャン・デジタル化等）することは、著作権法上認められた場合を除き、禁じられています。小社は、複写に係わる権利の管理につき委託を受けていますので、複写をされる場合は、必ず小社にご連絡ください。

012Hobby
Nゲージ鉄道模型レイアウトの教科書

2016年10月21日　初版発行
2021年 8月30日　 3版発行

著　者　松本典久
発行者　鈴木伸也
発　行　株式会社大泉書店
住　所　〒105-0004 東京都港区新橋5-27-1
　　　　　　　　新橋パークプレイス2F
電　話　03-5577-4290(代)
FAX　03-5577-4296
振　替　00140-7-1742
印刷・製本　図書印刷株式会社

©Norihisa Matsumoto 2016 Printed in Japan
URL　http://www.oizumishoten.co.jp/
ISBN 978-4-278-05386-9　C0076

落丁、乱丁本は小社にてお取替えいたします。
本書の内容についてのご質問は、ハガキまたはFAXにてお願いいたします。